成年後見の相談を受けたとき どうする!?

小池信行【監修】 粂 智仁【著】

日本加除出版

監修のことば

　超高齢社会を迎えて，成年後見制度がこの社会に不可欠な制度インフラであるという認識が高まってきており，今後この制度の利用は更に拡大していくことが予測される。こうした状況の下で，いわゆる専門職と呼ばれる人たちが，一層積極的にこの分野に参加し，後見人等の職務を担って，制度の目的に沿った効果的な活動を展開していくことが期待されている。

　本書は，こうした専門職にある人たちが，成年後見制度を利用しようと考えている人たち（精神上の障がいにより判断能力が不十分な人（本人），その親族，その他の関係者など）から相談を受けた場合の対応の在り方について解説するものである。通り一遍の制度の解説書とは違って，生の実例を豊富に取り上げ，読者に臨場感を持ちつつ，手続の実際を頭に入れていただくという構成を採っている。その記述も，制度の枝葉部分は省略して，根幹の事項を簡明に説明することに努めた。こうした工夫によって本書は，いわば成年後見制度の「分かりやすく生きたテキスト」に仕上がったものと自負している。だから，専門職だけでなく，これから後見人等の職務に就くことを期しているご本人の親族や一般市民の方々にとっても，格好の実務入門書としてお役に立つに違いない。

　本書ができるだけ多くの方々に親しまれ，この社会における成年後見制度についての理解が一層進んで，「成年後見の社会化」という目標の実現に多少とも寄与するならば，望外の幸せである。

　平成24年8月吉日

弁護士　小　池　信　行

はじめに

　平成12年4月に新たな成年後見制度がスタートして以来，10年以上が経過しました。

　制度の利用者は，年々増加の一途をたどっていますが，その一方で，親族後見人による財産権侵害事案の多発や，専門職後見人（弁護士，司法書士，行政書士及び社会福祉士等）をはじめとする担い手の不足が問題となっています。

　そんな中，各地の自治体等が，いわゆる"市民後見人"の育成に乗り出しているほか，平成22年8月には，行政書士会が全国組織である「一般社団法人コスモス成年後見サポートセンター」を設立し，税理士会や社会保険労務士会も，専門職後見人の育成に取り組み始めています。

　ところが，成年後見制度についての研修を受講し，制度についての理解をどんなに深めようとも，実際に相談を受けた際に，どのような対応をすればよいのかについては，一朝一夕に身につくものではありません。

　本書では，成年後見制度について，ある程度の知識を身につけている方が，相談を受ける際の心構えと流れを，実例を交えながら説明していきます。そのため，制度の基礎的な知識と，実際の利用に際しての手続についての記述は最小限に抑えています。

　成年後見制度の利用促進に携わる自治体職員の皆様をはじめ，専門職後見人の方々にとっても役に立つ内容となったと自負しています。

　是非とも本書をご活用いただき，一人でも多くの方が成年後見制度を利用し，「精神上の障がいにより判断能力が低下していても，その人らしい生活を送っていける」ようになることを願っております。

　平成24年8月吉日

　　　　　　　　　　　　　　　　　　　　　行政書士　粂　　智　仁

『成年後見の相談を受けたときどうする!?』● 目次

CONTENTS

監修のことば 1

はじめに 3

第1章　成年後見制度の相談を受ける前にまず知っておきたいこと

1　相談者（依頼者）と本人の利益は相反することが多い 1
　　具体的事例1　相続で利益相反になる事例　1
　　具体的事例2　日常生活の費用支出に注意が必要となる事例　2

2　親族の力を過信しすぎない 3
　　具体的事例3　親族の取組を待っているため、成年後見の利用が
　　　　　　　　遅れている事例　4
　　具体的事例4　日々の財産管理に負担を感じている事例　5
　　具体的事例5　後見監督時の報告書作成に戸惑っている事例　6

第2章　相談をしてくるところによる違いは

1　本　人 9
　　具体的事例6　祖母と母が認知症になったため、自身の将来を心
　　　　　　　　配した方の相談　9
　　具体的事例7　夫が死別し、今後のことを考えた方からの相談
　　　　　　　　10

2　親　族 11
　　具体的事例8　銀行取引きのための成年後見制度利用についての
　　　　　　　　相談　その1　11
　　具体的事例9　銀行取引きのための成年後見制度利用についての
　　　　　　　　相談　その2　12
　　具体的事例10　不動産の処分のための成年後見制度利用について
　　　　　　　　の相談　13

具体的事例11　簡易保険の生存保険金受領のための成年後見制度利用についての相談　14

具体的事例12　自身の今後について不安を感じた方からの相談　15

具体的事例13　難病に罹患している夫の今後を心配している方からの相談　16

具体的事例14　認知症の親族の成年後見制度利用についての相談　19

具体的事例15　知的障がいの子供の成年後見制度利用についての相談　20

具体的事例16　本人をめぐって親族間でもめている場合の成年後見制度利用についての相談　21

具体的事例17　親族から貸金を取り立てるための成年後見制度利用についての相談　22

3　自治体　23

具体的事例18　近隣住民からの苦情があり自治体が成年後見制度を検討した事例　24

具体的事例19　市町村長が申立費用を立て替えた事例　25

具体的事例20　市町村長が報酬の補助を行った事例　26

4　地域包括支援センター　26

具体的事例21　公団住宅で独居の高齢者に，成年後見制度を利用するための相談　27

具体的事例22　老老介護の状態の夫婦に，成年後見制度を利用するための相談　27

5　病院　28

具体的事例23　転院が必要な入院患者が，成年後見制度を利用するための相談　28

具体的事例24　身寄りが遠方に住む入院患者が，成年後見制度を利用するための相談　29

具体的事例25　精神病院を退院する患者のため，成年後見制度を

|6| 施　設 31
　　具体的事例26　介護老人保健施設の入所者が，成年後見制度を利
　　　　　　　　　用するための相談　　31
　　具体的事例27　知的障害者施設の入所者が，成年後見制度を利用
　　　　　　　　　するための相談　　32

|7| 近隣の方 32
　　具体的事例28　近隣の方が本人の異変に気付き，成年後見制度を
　　　　　　　　　利用するための相談　　33

第3章　相談を受けてからすること

|1| 制度利用の意向確認 35
|2| 成年後見制度の説明 35
　　◎　制度利用に当たって誤解されやすいこと ── *38*
　　具体的事例29　知的障がいをもつ子供がいるが，まだ大丈夫と考
　　　　　　　　　えているＡさんの事例　　38

|3| 利用目的の確認 41
　　(1)　誰のために利用するのですか ── *42*
　　具体的事例30　介護放棄が解消され，本人と相談者が共に救われ
　　　　　　　　　た事例　　44
　　(2)　何のために利用するのですか ── *45*

|4| 本人の状況確認 47
　　(1)　相談者から聴取した状況をもとに，原則として本人に面会します ── *47*
　　具体的事例31　本人に面会した結果，認知症が判明した事例　　48
　　具体的事例32　家庭裁判所から別の医師による診断書の作成を指
　　　　　　　　　示された事例　　49
　　具体的事例33　想像以上に記憶障害が進行していた事例　　50
　　(2)　五感を活用して本人の状況を確認します ── *53*
　　具体的事例34　意識をして見ることが大切であることを教えてく
　　　　　　　　　れた事例　　53

　　　　具体的事例35　第三者として客観的に聞くことから本人の状況が
　　　　　　　　　　分かる事例　55
　　　　具体的事例36　失行によって不潔な状態になってしまった事例
　　　　　　　　　　56
　　(3)　複数回の面会が必要となる場合もあります ── *56*
　　　　具体的事例37　判断能力の確認のために，再度の訪問をした際の
　　　　　　　　　　事例　57

5　利用する制度の決定 57
　　　　具体的事例38　診断書によって申立類型を決定した事例　58
　　《任意後見制度》── *58*
　　　　★任意後見制度を利用することになった場合　58

6　契約能力の確認 58
　　(1)　判断能力の確認 ── *58*
　　　　具体的事例39　契約の意思確認の際の事例　59
　　(2)　署名できるのかどうかの確認 ── *59*
　　　　具体的事例40　実際の署名が不可能な場合の事例　59
　　(3)　印鑑登録の有無，実印の確認 ── *60*
　　　　具体的事例41　行政書士が支援し印鑑登録を行った事例　60
　　(4)　費用支払能力の確認 ── *60*
　　《法定後見制度》── *61*
　　　　★法定後見制度を利用することになった場合　61

7　本人の状況についての聴き取り 61
　　◎　聴取事項一覧 ── *61*

8　診断書の作成依頼 69
　　　　具体的事例42　施設に入所している方の事例　69
　　　　具体的事例43　医師の診療を受けていない方の事例　69

9　本人を取り巻く人々の確認 69
　　(1)　キーパーソンは誰か ── *69*
　　(2)　申立人がキーパーソンとは限らない ── *70*
　　　　具体的事例44　申立人と本人の間の関係についての事例　70

(3)　親族間の申立ての競合 —— *70*
10 　適正な制度利用にするために 70
　　　(1)　不適正な利用を認めない —— *70*
　　　(2)　相談者の急ぐという言葉に踊らされない —— *71*
　　　　　具体的事例45　家のリフォームのため，すぐに法定後見制度を利用したいという事例　71
　　　　　具体的事例46　虐待を受けている認知症高齢者の預かり財産についての事例　71
　　　(3)　適正手続を厳守すること —— *72*
　　　　　具体的事例47　申立人が，病気入院のため家庭裁判所に出向けない事例　72

第4章　成年後見制度利用までの流れ

Ⅰ　法定後見制度の場合

1 　初期相談 73
2 　申立書類の入手 74
3 　必要書類の収集 74
4 　診断書の作成依頼 75
5 　申立書類一式の作成 77
　　　(1)　申立書の作成 —— *77*
　　　(2)　申立書の附票の作成 —— *81*
　　　(3)　財産目録の作成 —— *81*
　　　　　具体的事例48　通帳等が見つからなくて困ってしまった事例　81
　　　(4)　親族関係図の作成 —— *82*
　　　　　具体的事例49　知らなかった兄弟姉妹がいたのが分かったケース　83
6 　家庭裁判所の申立て予約 85
7 　申立書類の提出 86
8 　調査官の調査 86
9 　親族への照会 86

10	精神鑑定	86
	具体的事例50　診断書の記載内容と申立人の陳述内容が異なってしまったケース　87	
11	後見等開始の審判	87
12	審判書の受領	88
13	不服申立て期間の経過	88
14	東京法務局での成年後見登記	88
15	財産目録・年間収支計画書の提出	89
16	後見事務の開始	89

Ⅱ　任意後見制度の場合

1	初期相談	90
2	本人との面談	90

　　(1)　任意後見受任者を誰にするのか ―― 90
　　(2)　契約の目的（必要とする代理権）は何か ―― 90
　　(3)　類型は何にするのか ―― 91

3	任意後見契約の具体例（移行型）	92
4	任意後見契約で代理できる内容	106
5	契約能力の確認	111

　　(1)　判断能力の確認 ―― 111
　　(2)　署名できるか ―― 111
　　(3)　印鑑登録の有無 ―― 111

6	必要書類の収集	111
7	公証人との打合せ	111

　　(1)　公正証書内容の打合せ ―― 111
　　(2)　契約日，契約場所の確認 ―― 112
　　(3)　公証人費用の確認 ―― 112

8	契　約	112

おわりに　113

監修者・著者略歴　114

第1章
成年後見制度の相談を受ける前に まず知っておきたいこと

　成年後見制度の相談を受ける前に，知っておきたいことがいくつかあります。しっかりとした心構えをもって臨まないと，結果として，本人の利益を侵害することにもなりかねません。

1 相談者（依頼者）と本人の利益は相反することが多い

　相談者（依頼者）としては，親族，病院，施設，自治体などが想定されますが，そもそもの前提として，相談者（依頼者）と本人の利益は相反することが多いということを理解しておく必要があります。

 具体的事例１

《相続で利益相反になる事例》

　Ａさんは，80代の女性。

①本人の状況

　数年前からアルツハイマー型認知症を発症していますが，このところ判断能力の低下が顕著になってきています。

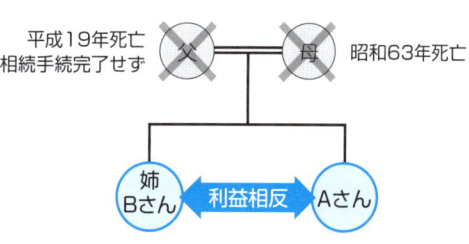

②本人の居所

　本人所有の自宅はありますが，独居には不安があったため，特別養護老人ホームに入所しています。

③成年後見制度利用の理由

　今後の本人の財産管理等を行うために，姉であるＢさんが法定後見制度の申立てをし，後見人候補者になるつもりです。

　成年後見人就任後は，いまだ手付かずになっている亡き父の相続手続も行う

必要があります。

特別代理人の選任が必要

　本人と後見人の間で，利益が相反する場合には，家庭裁判所に申立てを行い，特別代理人や臨時保佐人，臨時補助人を選任してもらう必要があります。

　AさんとBさんは共に亡き父の相続人ですので，相続に関しては，原則として利益が相反することになります。そこで，相続手続（特に遺産分割協議）については，特別代理人の選任を求めることになります。

〈利益相反の事例〉

　①同一の相続について，本人と後見人の双方が相続人となる場合。

　②本人と後見人が不動産の賃貸借契約の当事者となる場合。など

具体的事例2

《日常生活の費用支出に注意が必要となる事例》

　Cさんは，60代の男性。

①本人の状況

　定年退職後，アルツハイマー型認知症を発症し，徐々に判断能力が低下しています。

②本人の居所

　本人の妻と生活している自宅はありますが，現在は糖尿病の治療のため，病院に入院しています。

③成年後見制度利用の理由

　本人の判断能力の状況，及び，糖尿病への対処が必要であるため，在宅での生活は厳しいと思われます。

　そこで，今後の施設入所を考えるに当たり，妻が法定後見制度の申立てをし，後見人候補者になるつもりです。

　なお，妻の生活費は，夫の年金収入から支出しています。

> **本人と後見人の財布を分けることが必要**
>
> 　夫の成年後見人に妻がなることは，少なくないと思います。この場合，財産管理に当たっては，夫の収入のうち，妻の生活費に使用する部分について，きちんと区分けをする必要があります。
>
> 　以下のような取扱いは不適切となる可能性がありますから，注意が必要です。
>
> ①　被後見人である夫の預金口座から，随時必要なお金の引出しをする。
> 　→　必要に応じて引き出してしまうと，区分けが曖昧になってしまいます。あらかじめ毎月の必要額を計算して，一回に当月分を引き出す方がよいでしょう。
>
> ②　自宅の大型テレビを買い替える際，被後見人である夫の財産から一部を支出する。
> 　→　現在入院中である上，今後は施設入所を考えているのですから，本人には必要のない物であると考えられます。そこで，支出をすることは不適切でしょう。
>
> ③　夫の名前で親戚等へのご祝儀等を支出する。
> 　→　一見問題ないように思われますが，後見人が選任されているということは，そもそも本人に財産管理の能力がなくなったために，ご祝儀等の支出の意味を理解することが不可能な状況にあることに留意する必要があります。
> 　　様々な事情から被後見人の財産から支出する場合には，その金額については常識の範囲内ということになりますが，判断がつかない場合には，家庭裁判所に相談をすることになります。

2　親族の力を過信しすぎない

　親族がいる場合，成年後見制度の利用について，親族にその判断を委ねてしまうことがあります。ところが，親族任せにしてしまうことによって，成年後見制度の利用開始が大幅に遅れてしまい，本人が悪質商法の被害に遭ってしまうなど，

本人の保護に問題を生じることになりかねません。

また，親族が後見人候補者となることが少なくありませんが，単純に親族を後見人にすればよいというものでもありません。

実際に，成年後見人としての職務が開始すると，日常的な財産管理として，請求書や領収書の保管，金銭出納帳の記載等，多くの事務処理が必要となります。また，家庭裁判所の監督権に基づいて，成年後見事務記録や金銭出納帳を提出することが求められます。こうしたことは，親族の方は不慣れであることが多く，家庭裁判所からの様々な指示に対して負担を感じたりすることも少なくありません。

そこで，親族の方に対し，成年後見制度についての説明をきちんと行い，成年後見人となることについての意思を確認するようにしなければなりません。くれぐれも，「親族だから」という理由だけでの判断は禁物です。

具体的事例3

《親族の取組を待っているため，成年後見の利用が遅れている事例》

Bさんは，70代の男性。

①本人の状況

しばらく前から，判断能力が低下しているようで，家族に内緒で不要な契約を結んでしまうことが見られるようになってきました。

②本人の居所

息子夫婦と同居していますが，日中は一人で家にいることが多いです。

③成年後見制度の利用が遅れている理由

本人の状況に変化を感じた近隣の方からお話があり，市役所の担当者が確認に伺ったところ，判断能力の低下が顕著であったため，息子夫婦に成年後見制度についての説明を行いました。その時点では，成年後見制度の利用に積極的であると思われたため，早急に手続を行うよう話をしました。

ところが，いつまで経っても手続が行われる様子が見られない状態で，本人の保護に問題が生じないか心配です。

> **親族任せにしてしまうのは得策ではありません**
>
> 　本人の身近に親族がいる場合，本人の状況に不安があっても，他の親族や自治体担当者あるいは福祉関係者の側から，成年後見制度の利用を申し入れることはなかなか難しいものです。
>
> 　ところが，そのまま親族任せにしてしまうと，一向に制度利用が進まず，本人の保護がなされない状態が続いてしまうおそれがありますので，注意をする必要があります。

具体的事例4

《日々の財産管理に負担を感じている事例》

　Ｉさんは，40代の女性。

①本人の状況

　知的障がいの認定を受けて，療育手帳を所持しています。

②本人の居所

　親子3人で生活していますが，日中は通所施設に通っています。

③後見人として困っていること

　Ｉさんの母親が後見人をしていますが，家庭裁判所から後見人が日々すべきこととして，領収書などの保管や金銭出納帳の記載を指示されており，自分でもしておかなければならないと思っています。ところが，日々の生活の忙しさに紛れ，何もできていません。

> **後見人には善管注意義務があります**
>
> 　本人（被後見人等）が，たとえ実の子であっても，その財産は全く別のものとして管理しなければなりませんから，金銭出納帳をつけるとともに領収書の保管を確実に行うなど，後見人等として，しっかりとした管理が求められます（善管注意義務）。ですから，毎日少しずつでも記録していくしかありません。
>
> 　これは，本人（被後見人等）が，親や配偶者，兄弟姉妹等である場合でも

同様です。

> ● **善管注意義務とは？**
>
> 　職業上や社会通念上，客観的に期待される程度の注意義務で，自己の財産に対する注意義務よりも重い義務です。この注意義務を怠って，本人に何らかの損害を与えた場合は，賠償責任を負うことになります。
>
> 　成年後見人は，被後見人の財産管理及び身上監護を行う立場にあることから，善良なる管理者の注意義務が要求されるのです。また，保佐人，補助人，任意後見受任者及び任意後見人も同様の義務を負います。
>
> 　民法644条→受任者は，委任の本旨に従い，善良な管理者の注意をもって，委任事務を処理する義務を負う。
>
> 　民法869条→第644条（受任者の注意義務）の規定は，後見について準用する。
>
> 　民法876条の5第2項→第644条（受任者の注意義務）の規定は，保佐の事務について準用する。
>
> 　民法876条の10第1項→第644条（受任者の注意義務）の規定は，補助の事務について準用する。

 **具体的事例5**

《後見監督時の報告書作成に戸惑っている事例》

　Jさんは，70代の女性。

①本人の状況

　アルツハイマー型の認知症を発症しており，判断能力の低下が見られます。

②本人の居所

　グループホームに入所して生活し，介護保険サービスを利用しています。

③後見人として困っていること

　Jさんのめいが後見人をしていますが，家庭裁判所から，後見監督をするとの通知があり，報告書を作成し提出しました。ところが，不十分な点があるということで何度も説明を求められたり，記載方法に不適切な点があるということで指示をされたりするので，できることなら，辞任したくなりました。

後見人就任にはそれなりの覚悟が必要です

　後見人は，本人について行った後見事務の内容について，日々記録しておくことが大切です。実際に就任してから，こんなはずではなかったという話は少なくありません。「とりあえず親族が就任すればいい」という感覚は危ういものです。

　そこで，親族が後見人候補者になるときには，後見人としての仕事の内容をきちんと確認し，それなりの覚悟をしておくことが必要です。家庭裁判所によっては，申立て時に後見人候補者に誓約書の提出を求めることもあります。

　なお，後見人は，正当な事由があれば，家庭裁判所の許可によって，辞任することが可能ですが，Jさんのような理由では難しいでしょう。

- **正当な事由とは？**

　　①後見人が病気やケガなどによって，後見人の職務を継続できない。

　　②後見人に，精神上の障がいが生じてしまい，後見人の職務を継続できない。

　　③後見人が高齢となり，後見人の職務を継続できない。

　　④本人から，繰り返しの暴力があり，後見人の職務を継続できない。

第2章
相談をしてくるところによる違いは

　相談者によって，本人の事情や状況は異なるものです。相談を受ける前に，知っておきたいところです。

1　本　人

　全く身寄りがいないため，自身の将来について不安がある場合などに，任意後見契約を結びたいという相談があります。

　親族がいるにも関わらず，第三者を任意後見受任者に選ぶ場合には，親族との間に何らかのトラブルを抱えていることが少なくありません。この点を確認しないまま，任意後見契約の締結をしてしまうと，契約後や本人の死後に，親族から契約そのものの妥当性や任意後見人として執行した財産管理内容を問題とされることがあります。

　そこで，本人に，親族に話をしているのか，了承を得ているのかなどについて，確認をしておくとよいでしょう。

 具体的事例6

《祖母と母が認知症になったため，自身の将来を心配した方の相談》

　Tさんは，60代の女性。

①本人の状況

　夫と死別し，子供はいません。高血圧を指摘されていますが，その他に特に体調不良はなく，認知症の発症はありません。

②本人の居所

　自己所有のマンションで一人暮らしをしています。

③成年後見制度利用の理由

　現在のところ，日常生活には特に問題はありませんが，祖母と母が共にアル

ツハイマー型の認知症になりましたので，自分も罹るのではないかと不安です（※）。また，近傍に身寄りがいないため，今後のことを考えると，不安で夜も寝られません。

※　親族にアルツハイマー型認知症の患者がいる場合，罹患する確率が高くなるといわれています。

「移行型」の任意後見契約で見守りをしてもらいます

昨今，マスメディア等で，「無縁社会」や「孤独死・孤立死」などの言葉が聞かれることが多くなりました。また，2011年3月11日の東日本大震災をきっかけとして，自分の将来に様々な不安を抱えている方も少なくないようです。

Tさんは，まだ，認知症等の精神上の障がいにより判断能力が低下しているという状況にはありませんから，簡単な財産管理や身上監護等を依頼する「事務委任契約」と「任意後見契約」を同時に契約する「移行型」を利用するとよいでしょう。そして，事務委任契約の中に，電話連絡や訪問等によって随時本人の状況を確認する"見守り"について定めておきます。

 具体的事例7

《夫が死別し，今後のことを考えた方からの相談》

Qさんは，80代の女性。

①本人の状況

　夫と死別しました。夫の先妻の子がいますが，養子縁組はしていませんし，また，夫の生前から関係が良くありません。

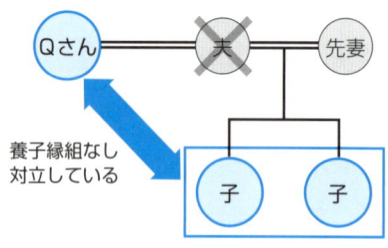

②本人の居所

　亡き夫名義の自宅に一人で住んでいます。

③成年後見制度利用の理由

　夫の遺言で，遺産の一部を相続しましたが，自宅は先妻の子が相続し，同居

を拒否されてしまいましたので，独居せざるを得なくなりました。

　マンションや高齢者専用賃貸住宅等を探して入居したいのですが，部屋を探すことなどを代わりにしてくれる方が必要です。

「移行型」の任意後見契約で手伝ってもらいます

　認知症等の精神上の障がいの有無に関わらず，日常の生活に不便を感じている方は少なくありません。まして，Ｑさんのように住宅を探すとなると，介護サービス事業者や不動産業者などからの情報の収集が必要となります。また，実際に候補の住宅を見てまわる際には，自身の足で移動しなければならないなど，高齢の方にとっては非常に大きな負担になってしまいます。

　そこで，前述したＴさん同様，「移行型」の２つの契約をし，事務委任契約の受任者に代理人として，部屋探しを手伝ってもらうとよいでしょう。

2　親　族

　認知症になった親や兄弟姉妹，知的障がいのある子や兄弟姉妹などのために，成年後見制度を利用したいという相談があります。

　親族からの相談の場合，本人の判断能力には関係なく，希望に応じて，法定後見制度，任意後見制度のいずれかを利用することができると考えている方も少なくありません。そこで，成年後見制度の説明を行うとともに，本人の判断能力の状況についての確認をすることが必要となります。

　また，親である自身の死後，知的障がいや精神障がい及び身体障がいの子供の生活をどのように守っていくのかを，親なき後の問題といいます。現在，この問題に正面から応える制度が整備されていないため，成年後見制度を利用することで解決します。

 具体的事例8

《銀行取引きのための成年後見制度利用についての相談　その１》

　Ｙさんは，60代の女性。

①本人の状況

　結婚歴はありません。しばらく前から認知症による判断能力の低下が見られます。

②本人の居所

　介護保険のサービスを使用しながら，親から譲り受けた自宅で一人暮らしをしています。

③成年後見制度利用の理由

　本人が銀行に出向くことがつらくなったため，近隣に住んでいるめいが代わりに銀行に行って，預金を引き出そうとしました。その際，本人が来られない理由を説明すると，成年後見制度を利用しなければ預金の引出しはできないと言われてしまいました。

金融機関から成年後見制度の利用を求められるケースが増えています

　本人に判断能力の低下があることが，金融機関の知るところになった場合には，通常は，成年後見制度の利用が求められます。

　以前であれば，本人でなくてもご近所や常連であることのよしみで預金の引出しをしてくれることもあったようですが，不正引出し等の事件が多くなってきたことから金融機関での本人確認が強化されたことに伴って，現在では，そうした取扱いは少なくなってきています。

 具体的事例9

《銀行取引きのための成年後見制度利用についての相談　その2》

　Jさんは，30代の男性。

①本人の状況

　出産時の低酸素状態の後遺症で，重度の精神発達遅滞があり，療育手帳を所持していますが，身体的には特に障がいはありません。

②本人の居所

　祖母と両親，弟と共に自宅で生活しています。

③成年後見制度利用の理由

　母親が，本人の定期貯金を解約するため郵便局に行ったところ，成年後見制度を利用しなければ解約はできないと言われてしまいました。

　これまでは，普通貯金を引き出す際には，特段，問題はなかったので，困惑してしまいました。

まとまった金額になる定期預貯金の解約の手続は厳格です

　普通預貯金が日常生活の需要などに利用される流動性資産であるのに対して，定期預貯金はある程度まとまった金額になるため，普通預貯金に比べて，その解約の手続がより厳格になっているということでしょう。

　ただし，金融機関での手続が，全般的に厳しくなってきた現在では，こうした差異は少なくなってきていると思われます。

 具体的事例10

《不動産の処分のための成年後見制度利用についての相談》

　Fさんは，60代の男性。

①本人の状況

　認知症による判断能力の低下が顕著です。また，運動能力の低下により，ほぼ寝たきりの状態です。

②本人の居所

　たんの除去についての管理が必要であるため，医療療養病床に長期入院しています。

③成年後見制度利用の理由

　毎月の医療費がかなり高額ですが，年金収入が少ないため，預金を取り崩している状況です。このままでは，早晩，預金が底をついてしまうため，自宅を売却する必要があります。

　親族が不動産会社に相談したところ，成年後見制度を利用しなければ，売却することはできないと言われてしまいました。

❗ 本人確認ができない場合，不動産の処分ができません

不動産を売却するには，その所有者が自らの意思で買主と売買契約を結ぶ必要があります。また，不動産を売却して，その登記を申請する場合にも，登記官又は司法書士等の資格者代理人による売主の申請意思の確認が必要になることがあります。

不動産の所有者に認知症等による判断能力の低下がある場合には，所有者本人が売買の意思表示をすることができず，また，所有者の登記申請意思の確認ができないということになります。そこで，成年後見制度を利用し，家庭裁判所から選任された成年後見人等が，売主に代わって，売買契約を結んだり，登記申請意思の確認に応ずる必要があるのです。

 具体的事例11

《簡易保険の生存保険金受領のための成年後見制度利用についての相談》

Ｗさんは，20代の男性。

①本人の状況

　幼少の頃から重度の精神発達遅滞があり，療育手帳を所持し，障害年金を受給しています。身体的には特に問題はありませんが，金銭の管理を含めて，日常生活には常に親の援助が必要です。

②本人の居所

　親の持ち家で，両親と共に生活しています。日中は，障害者援助施設で過ごしますが，毎日母親が送迎しています。

③成年後見制度利用の理由

　両親は，本人の将来を考え，障害年金を本人名義の口座に貯蓄するとともに，郵便局で簡易保険の契約をしています。

　今回，簡易保険契約から生存保険金が支払われることになり，郵便局の窓口に手続に行ったところ，「お子さんは知的障がいの方なので，成年後見制度を利用してからでないと支払うことができない」と言われてしまいました。

委任状作成には，本人の意思確認が必要となります

　生存保険金の受取りの場合，本人の委任状を持参した者による手続も可能ですが，そのためには当然のことながら，本人から有効な委任がされていることが前提です。

　Wさんの場合，重度の精神発達遅滞があり判断能力が低下しているため委任状を作成する能力がないことが金融機関に知られていることから，成年後見制度を利用し，成年後見人等が手続を行うように求められたのです。

 具体的事例12

《自身の今後について不安を感じた方からの相談》

　Tさんは，60代の女性。

①本人の状況

　夫に先立たれて，子供もおらず，特に頼れる人もいません。

②本人の居所

　夫と暮らしていた自宅に，一人で暮らしています。

③成年後見制度利用の理由

　今後の生活に漠然とした不安を抱いていたところ，地元の公民館での講演会で成年後見制度を知り，利用したいと思うようになりました。

　講師をしていた先生に依頼できればよいのですが，近場の方ではないようで，厳しいようです。どうしたらよいのでしょうか。

自治体やその他の相談窓口を利用します

　弁護士，司法書士，行政書士，社会福祉士等の専門職者の団体が，成年後見に関する相談窓口を開設しています。希望をすれば，適切な人を紹介してもらうこともできます。

　また，各自治体でも相談に応じてくれる窓口を設置している場合もありますので，そちらを利用してみることもよいでしょう。

 具体的事例13

《難病に罹患している夫の今後を心配している方からの相談》

Nさんは，40代の男性。

①本人の状況

　数年前，原因不明の体調不良のため医師の診断を受けたところ，筋萎縮性側索硬化症（ALS）であると診断されました。徐々に筋肉の萎縮は進んでおり，今後の生活に不安を感じています。

②本人の居所

　妻と2人の子供と共に，自宅で生活しています。なお，母親が特別養護老人ホームに入居しています。

③成年後見制度利用の理由

　今のところ大きな問題はないのですが，筋萎縮性側索硬化症（ALS）が進行すると，意思表示ができなくなることが想定されます。そうなったとき，どうしたらよいのか不安に思っていたところ，成年後見制度について知りました。是非使いたいのですが，どうしたらよいのでしょうか。

早いうちに任意後見契約を締結します

　筋萎縮性側索硬化症（ALS）の患者さんは，症状が進行しても判断能力の低下はありませんが，筋力の低下で筆記用具が使用できなくなり，発語も困難になるために，自身の意思を表示することが困難になってきます。

　そこで，Nさんについては，意思表示ができるうちに，長年の友人であるPさんとの間で任意後見契約を締結します。また，意思表示が難しくなった後の財産管理や，医療行為，延命治療などについての希望を文書（私の希望など）にしておくとよいでしょう。

● 私の希望（私のライフプラン）例

《私の希望》

私は，平成15年○月○日付任意後見契約公正証書に基づき，貴殿に私の将

来に関する事務処理を委任するに当たり，以下のとおり処理されることを希望します。なお本文書は，「このようにしてほしい」との私の希望を述べたもので，任意後見契約に基づく貴殿の職務の執行を拘束するものではありません。

平成〇〇年〇月〇日

〇　〇　〇　〇　殿

住　所　〇〇〇〇〇〇〇〇
氏　名　〇　〇　〇　〇

記

1．日常生活に関する習慣・嗜好等

　　起床時間　7：00　／　就寝時間　22：00

	時刻	時間	主として	おかず，好み，その他
朝食	9：00	30分	和・㊟洋・他	パン（バター・ジャム） コーヒー，ベーコンエッグ
昼食	13：00	30分	和・洋・㊟他	菓子パン，カステラ等
夕食	19：00	30分	㊟和・洋・他	魚中心（うなぎ） 晩酌　有・㊟無

味の好み（薄口・甘口）　味付けに関するこだわり（特になし）

酒（たしなまない）　　　　たばこ（吸わない）

2．財産の管理保存等に関する事項

質素で堅実な生活を心掛けたいと思います。無駄遣いは戒めてください。

3．不動産の処分に関する事項

財産管理人・任意後見人に一任します。

4．金融機関との取引きに関する事項，預貯金の取崩しに関する順序

順序	金融機関名	本支店名	種別	口座番号
1	〇〇〇〇銀行	〇〇支店	普通	〇〇〇〇〇〇〇
2	郵便局			〇〇〇〇〇-〇〇〇〇〇
	〇〇信用金庫	〇〇支店	普通	〇〇〇〇〇〇〇

5. 定期的な収入の受領及び費用の支払に関する事項

> 母○○の入居している，特別養護老人ホーム○○○○○○○（○○市○○町○○－○）の入居費及び医療費の支払をしてください。振込先に関しては，施設からの請求書を確認してください。

6. 相続に関する事項

> 平成15年○月○日作成の公正証書遺言のとおりにしてください。公正証書遺言については，○○○○が保管しています。

7. 保険に関する事項

> 現住所（○○市○○町○○－○）の住宅に掛けてある火災保険のみ，現状のまま継続してほしい。

8. 介護契約その他の福祉サービス利用契約等に関する事項

> 老人ホームへの入所が必要となる場合は，できれば○○市内にしてほしい。

9. 施設入所に当たって

> ①施設に入所するときは，以下のものを持たせてほしい。
> →日頃聴いている音楽に関する機器・音楽ソフト，文庫本等の書籍
> ②入院・施設入所等の住所又は居所の変更については，知人への連絡は希望しない。

10. 医療に関する事項

	内　容	対　応
既往症	主治医に確認してください。	
アレルギー	○○○○○○○○	○○○○○○○○

　なお，私がお世話になっている病院は以下のとおりです

	病院名・担当医	所　在　地	電話番号
○○○科	○○○○総合病院 ○○先生	○○市△△町○－○	○○○-○○○-○○○○

11. 医療に関する希望

> ①病院への通院について，タクシーで移動できるようにしてほしい。
> ②末期ガンの際には，できればホスピスに入院したい。
> ③延命治療は一切してほしくない。

12. 祭祀に関する事項

> ①私が死亡した場合，年賀状の範囲には連絡してほしい。
> ②私が死亡した場合，葬儀（お通夜・告別式）は省略し，献体の登録をしてあるので，以下に連絡を取ってください。
> 　○○○○○○解剖学教室　○○○○○○　内線○○○
> 　直通○○○○○○○　献体会員番号○○○○○　○○○○○
> ③遺骨は○○○○○○（○○市□□町○－○）に埋葬してほしい。

13. その他の事項

> 自家用車の処分は，○○○○○○○○○に依頼してほしい。車種及びナンバーは，○○○○○○○です。

以　上

具体的事例14

《認知症の親族の成年後見制度利用についての相談》

Kさんは，80代の男性。

①本人の状況

　妻子は共に先立ってしまい，他の身寄りは高齢の親族のみです。身体的には大きな障がいはありませんが，アルツハイマー型認知症を発症しています。

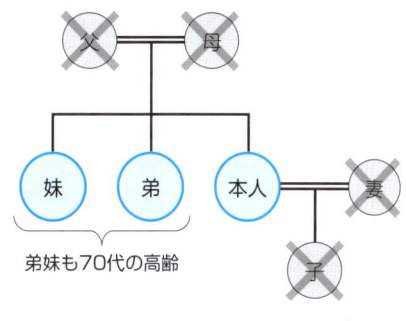

②本人の居所

　介護保険のサービスを受けながら，自己所有のマンションで一人暮らしをしています。

③成年後見制度利用の理由

　特別養護老人ホームのデイサービスを利用していますが，このところ，認知

症が進行しており，施設の迎えが来てもドアを開けないことがたびたび起こるなど独居に不安が出始めたため，施設入所を検討しています。

成年後見制度の利用も考えていますが，親族には高齢者が多いため，どうしたらよいか悩んでいます。

> **親族に申立人になってもらいます**
>
> 　本人の身寄りもまた高齢者であるというケースは少なくありません。こうした場合，本人の財産管理や身上監護を安定的に行うためには，親族に対して無理に後見人等への就任を依頼すべきではありません。
>
> 　親族には本人について後見等開始の審判の申立てをしてもらい，その開始後は，キーパーソン（※）として関わってもらうことで，成年後見人等の職務が円滑に進行するように協力してもらいます。
>
> ※　本人と日常的に関わっており，本人の身上監護等を行っている方のほか，本人が信頼して頼っているような方をいいます。第三者が成年後見人の業務を行っていく際，本人との関係を築いていく上で，大切な存在です。

 **具体的事例15**

《知的障がいの子供の成年後見制度利用についての相談》

Mさんは，40代の女性。

①本人の状況

　知的障がいの判定を受け，療育手帳を所持しています。

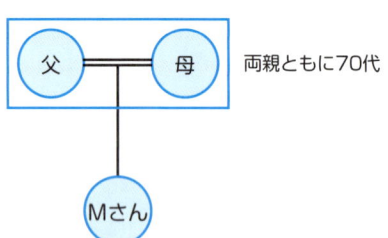

②本人の居所

　長い間，知的障害者施設に入所しており，住民票も移してあります。

③成年後見制度利用の理由

　今のところ，特に問題はありませんが，両親は高齢になってきており，自分たちが世話をすることができなくなったときのことを想定して，早めに成年後見制度を利用することにしました。

> **早めに準備を始めることが大切です**
>
> 　何らかの障がいのあるお子さんを持つご両親にとって，自分たちの老後，子供のことをどうしたらよいのかは，深刻な悩みです。これは，「親なき後の問題」といわれ，成年後見制度の利用によって，解決することになります。
> 　法定後見制度では，申立て準備を始めてから，実際の制度利用までには数か月を要しますので，早めに準備を始めることが大切です。

 具体的事例16

《本人をめぐって親族間でもめている場合の成年後見制度利用についての相談》

　Rさんは，80代の女性。

①本人の状況

　若い頃から統合失調症を患っており，長期間にわたり精神病院に入院していましたが，70代を迎える頃から，アルツハイマー型認知症を発症し，判断能力が著しく低下しています。

②本人の居所

　亡き夫から相続した自宅に，次女と一緒に生活しています。

③成年後見制度利用についての問題点

　Rさんには2人の娘がいますが，現在は同居している次女が財産管理や身の回りの世話をしています。

　金融機関とは，今まで，特に問題なく取引きをしてきましたが，最近になって，早めに成年後見制度の利用をするように言われてしまいました。

　行政書士に相談し，自身を後見人候補者として後見開始の審判の申立てをしようとしたところ，長女が，「監禁している母親を返せ」，「母親の財産を横領しているだろう」などと言って，次女を後見人の候補者とする申立てに反対しています。

　一方的に母親の世話を押し付けてきたのは姉の方なのに，どうしてこんなことを言われなければならないのでしょうか。

親族間の争いがある場合，第三者の後見人等が選任されます

　本人をめぐって親族間が争っているケースは少なくありません。Rさんの場合には，長女が申立てに反対しているということですが，後見開始の審判をする要件が備わっていれば，親族の反対があっても，その審判を受けることが可能です。ただし，後見人には，親族ではない第三者が選任されることになるでしょう。

　もし，長女の側からも後見等開始の審判の申立てがなされると，Rさんについて，2つの申立てが競合することになります。その場合，家庭裁判所は双方に対し，話合いで紛争を解決するよう求めてくることになります。話合いが決裂した場合には，家庭裁判所による家族関係の調整の調停等によって紛争を解決しなければならず，Rさんを成年後見制度によって保護することが遅れてしまうことになります。

具体的事例17

《親族から貸金を取り立てるための成年後見制度利用についての相談》

　Cさんは，70代の女性。

①本人の状況

　数年前からまだら認知症のような状態でしたが，徐々に進行しており，財産管理ができなくなってきています。

②本人の居所

　夫と死別し，子供は独立したため，自宅で一人で生活しています。

③成年後見制度利用の理由

　Cさんには弟がいますが，以前，自身（弟）の会社の運営が厳しいということで，Cさんから数百万円の借金をしました。その後，会社の運営も軌道に乗り，好業績が続いているようです。

　Cさんは年金収入が少なく，預貯金も多くないため，今後の生活を考えると，弟に貸してあるお金を返済してもらう必要がありますが，Cさんの息子から話をしても，のらりくらりとはぐらかされるばかりです。

このままでは，らちが明かないと思い，Cさんの息子が裁判所に出向いて調停や裁判について相談をしたところ，Cさんの状況では，まずは成年後見制度の利用が必要だと言われてしまいました。

> **! 後見人は，調停や裁判を行うことができます**
>
> 法定後見制度のうち，「後見」が開始し，「成年後見人」が選任されると，本人を代理して，調停や裁判手続を行うことが可能です。
>
> また，成年後見人自身が手続を進行することが難しいと考えた場合には，本人に代わって弁護士等に委任することも可能です。
>
> なお，「保佐」，「補助」の場合の，「保佐人」，「補助人」は，調停や裁判手続を行うことはできません。

3 自治体

自治体が成年後見制度利用支援事業として，いわゆる首長申立てを行う際に，後見人候補者が見つからない場合に相談があります。

また，自治体によっては，成年後見制度の普及と利用促進のため，職員，専門職後見人団体，地域包括支援センター，地域の相談機関等の関係者が集まる会議を運営しています（例：横浜市各区の成年後見サポートネット，茅ヶ崎市成年後見支援ネットワーク連絡協議会等）。

こうした会議では，困難事例についての検討が行われており，どのようにして制度の利用を進めるか，後見人候補者を誰にするかなどについて話し合われます。その結果，後見人候補者としての依頼がくることもあります。

> **📖 成年後見制度利用支援事業とは？**
>
> 身寄りがいないなどの理由で，申立人（本人，配偶者，四親等内の親族等）がいない方の福祉を図るため特に必要がある場合，市町村長に後見等開始の審判の申立てをする権限が与えられています。
>
> そして，各市町村の要綱に基づいて，申立費用の立替え，後見人報酬の助成が行われます。

> この市町村長の申立て権限は，老人福祉法，知的障害者福祉法，精神保健及び精神障害者福祉に関する法律で規定されています。

具体的事例18

《近隣住民からの苦情があり自治体が成年後見制度を検討した事例》

Ｓさんは，90代の男性。

① 本人の状況

　判断能力にも身体的にも特に問題はありません。

② 本人の居所

　80代の妻と２人で公団住宅（いわゆる団地）に住んでいます。

③ 成年後見制度利用の理由

　Ｓさんの近隣住民から，Ｓさん宅から強烈な悪臭がするとの訴えが自治体に寄せられました。

　自治体担当者と民生委員が本人宅を訪問したところ，老夫婦がゴミ屋敷のような中で生活しており，排泄物も点々としていました。妻は体調不良で寝込んでおり，夫が世話をしていたものの，どうにもならなくなっていたというのが原因でした。自治体担当者の判断で，妻は病院に入院し，自宅の清掃を業者に依頼しました。

　１か月後，妻が退院することになったのですが，車椅子を利用するようになってしまい，手狭な公団住宅での生活が不可能なため，夫婦で施設への入所を検討することになりました。

　夫には認知症等はありませんが，高齢であるため，施設との契約や今後の財産管理等に不安があるということで，財産管理や身上監護等を依頼する事務委任契約と任意後見契約を同時に締結する「移行型」を利用することになりました。

※　「移行型」については，具体的事例６を参照。

❗ 委任代理人が契約手続の支援をします

　この事例では，夫に判断能力があるということですから，成年後見制度の

うち，任意後見制度を利用することができます。

ただし，契約後直ちに施設との入所契約などを行う必要があるため，任意後見契約と併せて事務委任契約（代理契約付き）を結ぶことになりました。

こうしておけば，任意後見契約が発効するまでの間，事務委任契約上の受任者が，本人の代理人として，施設との入所契約や財産管理を行うことが可能となります。

具体的事例19

《市町村長が申立費用を立て替えた事例》

Ｉさんは，20代の女性。

①本人の状況

知的障がいの判定を受け，療育手帳を所持しています。

②本人の居所

自宅はなく，知的障害者の施設に入所しています。

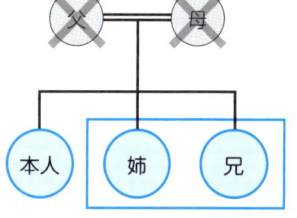

本人以外の家族も，全員に知的障がいがあるため，それぞれ別の施設等で生活しています。

③成年後見制度利用に当たっての課題

障害者自立支援法の利用や財産管理のため，成年後見制度の利用を検討しています。

ところが，両親は既に他界し，兄姉も同様に知的障がい者であり，他の施設で生活しているため，申立手続をしたり，その費用の負担をすることが困難な状態です。そこで，○○市が申立て費用を立て替え，市長申立てをすることになりました。

立て替えた費用は精算が必要です

市町村長申立ての際，自治体が立て替える費用は，家庭裁判所への申立手数料，精神鑑定費用，東京法務局への登記手数料等です。これらの費用については，本人に資力がある場合には，後見等が開始された後に，返還する必

要があります。

その際には，当該自治体から成年後見人に対して請求書が発行されますので，本人の財産から精算を行います。

具体的事例20

《市町村長が報酬の補助を行った事例》

Tさんは，50代の男性。

①本人の状況

　脳梗塞により，右半身に麻痺が残り，脳血管性認知症を発症しています。

②本人の居所

　賃借中の自宅アパートはありますが，脳梗塞の発症以降，病院に入院中です。

③成年後見制度利用に当たっての課題

　認知症により，判断能力が低下しているため，成年後見制度を利用する必要がありますが，身寄りがなく，生活保護を受給している状況です。○○市では，専門職を後見人候補者として推薦し，後見人報酬については，○○市が助成することになりました。

家庭裁判所の審判に基づき助成されます

後見人の報酬は，家庭裁判所の報酬付与の審判に基づき，各自治体の要綱で定められた額の範囲で支払われます。この場合，後見人が家庭裁判所が作成した報酬付与の審判書を添付し，自治体に報酬の助成を申請する必要があります。

4　地域包括支援センター

担当区域の中で，成年後見制度の利用を検討する必要がある場合に相談があります。

地域包括支援センターは，介護保険法で定められた機関で，地域住民の保健・福祉・医療の向上，虐待防止，介護予防マネジメントなどを総合的に行い，成年

後見制度の利用に向けた支援も行います。

具体的事例21

《公団住宅で独居の高齢者に，成年後見制度を利用するための相談》

Oさんは，70代の女性。

①本人の状況

　子供は独立して遠方におり，夫も他界しています。認知症の症状はありません。

②本人の居所

　現在，公団住宅（団地）に一人で生活しています。

③成年後見制度利用を検討する理由

　民生委員からの通報で，生活等の状況を見てきましたが，本人のためを考えると，何らかの支援を検討した方がよいのではと考えています。

> **地域コミュニティの代わりとして**
>
> 　昭和40年代に全国各地で建設された公団住宅（いわゆる団地）では，子供が独立し，配偶者も既に死亡して独居という方が少なくありません。
>
> 　団地全体に高齢者が多く，その上独居率も高くなると，地域のコミュニティ自体が機能していない場合が多いようですから，「移行型」の任意後見契約での見守りを利用するとよいでしょう。

※　「移行型」については，具体的事例6を参照。

具体的事例22

《老老介護の状態の夫婦に，成年後見制度を利用するための相談》

Kさんは，80代の男性。

①本人の状況

　長年の喫煙習慣が原因となり，慢性閉塞性肺疾患（COPD）を発症しているため，呼吸管理が必要です。認知症の症状はありません。

②本人の居所

　　自己所有の自宅で，妻と二人暮らしですが，居室のベッドに寝ていることが多い状況です。

③成年後見制度利用を検討する理由

　　妻には特に病気や障がいはありませんが，同じく80代であるため，夫の世話にくたびれ果てている状況です。そこで，成年後見制度を利用して，事態の解決ができないものかと考えています。

> **共倒れという悲劇を防ぐために**
>
> 　いわゆる「老老介護」の状態です。介護者が先に死亡してしまい，被介護者に援助の手が届かないまま亡くなってしまうという，共倒れのおそれがあります。
>
> 　また，介護者も被介護者も認知症である場合には，「認認介護」ということになります。現在では，周囲に気付かれないまま，軽度認知症の方が，より重度の方の介護をしているという事例も少なくないといわれています。

5　病院

　入院している患者について成年後見制度利用のための相談があります。

　この制度の利用が必要となるのは，①本人に身寄りがいないため医療行為について同意を得ることができない，②財産の有無が確認できない，③金融機関から預金が引き出せず医療費の支払が滞っている，④転院や退院をさせたいが，施設等と契約をする上で支障がある，などの事情が考えられます。

具体的事例23

《転院が必要な入院患者が，成年後見制度を利用するための相談》

　Ｓさんは，70代の女性。

①本人の状況

　　本人の夫は既に他界し，子供はなく，身近な身寄りもいません。認知症の症状はありませんが，脳梗塞の後遺症の麻痺が残り，自身でできることに限界が

あります。
② 本人の居所

　脳梗塞の後遺症のため、数か月にわたって病院に入院しています。
③ 成年後見制度利用の理由

　病院が何とか見つけた親族が入院保証人になりましたが、転院の相談に応じてもらえず困ってしまいました。

　本人に確認したところ、転院の手続を含め、財産管理等の手伝いをしてくれる方を依頼したいということになりました。

> **! 代理人が病院からの転院の手続を行います**
>
> 　75歳以上又は65歳以上で、急性期医療が終了し、症状が回復あるいは固定した上で、寝たきり又はそれに準ずる状態となった患者が、90日を超えて入院している場合、病院に支払われる診療報酬が減額されます。そのため、病院から転院を求められることがありますが、入院患者本人が転院先の検討や契約を行うことには困難がある場合が少なくありません。そこで、後見人等が本人に代わって手続等を行うことになります。
>
> 　なお、Ｓさんは判断能力があると考えられますので、事務委任契約と任意後見契約を同時に締結する「移行型」を利用し、事務委任契約上の受任者が代理人として、転院の手続をすることになります。

※　「移行型」については、具体的事例6を参照。

具体的事例24

《身寄りが遠方に住む入院患者が、成年後見制度を利用するための相談》

　Ｕさんは、60代の女性。
① 本人の状況

　本人には結婚歴がないため、子供はいません。
② 本人の居所

　脳溢血の後遺症のため、病院に入院中です。
③ 成年後見制度利用の理由

身近な親族にはおいやめいがいますが，いずれも遠方に住んでいるために世話をすることができません。そこで，めいが申立人になり，行政書士に後見人候補者になってもらうことになりました。

> **遠方の親族の代わりに専門職が後見人等になります**
>
> 　成年後見制度を利用したいが，親族が遠方に住んでいるため，後見人等を引き受けることができないという事例は少なくありません。後見人等には，本人の財産管理とともに，身上監護の義務があり，本人の身体状況が不良になって，いち早く駆けつける必要が発生する事態も考えられますので，本人の近場に住んでいる人が望ましいのです。
>
> 　そこで，後見等開始の審判の申立ては親族がし，本人の近くに住んでいる弁護士・司法書士・行政書士・社会福祉士などの専門職を後見人等候補者とするとよいでしょう。

具体的事例25

《精神病院を退院する患者のため，成年後見制度を利用するための相談》

　Rさんは，40代の男性。

①本人の状況

　若い頃から精神障がいを発症しています。

②本人の居所

　30代頃から，精神病院に医療保護入院をしています。

③成年後見制度利用の理由

　治療による精神障がいの改善が見られるため，退院の検討をすることになりました。ところが，入院中に両親は亡くなっており，その他の身寄りもいないため，退院後の財産管理，服薬や通院の管理に不安があります。そこで，成年後見制度の利用を検討することになりました。

> **本人を支えるため，成年後見制度を利用します**
>
> 　精神障がいを持つ方が退院した後は，後見人等を選任して，通常の財産管

理や身上監護のほか，①本人の住居の確保と維持管理，②日常生活での金銭管理，③薬を服用している場合の服薬管理，④就職先との連絡調整等，衣・食・住全般について見守りを行う必要があります。

　Rさんの場合は，市町村長申立てをし，第三者の後見人等を選任してもらうことで，本人をしっかり見守っていくことになります。

6　施設

入所している利用者について成年後見制度利用のための相談があります。

入所後，本人の急病，通院・入退院，ケアプランなどについて，親族や身元引受人が対応してくれないため，困っているなどの事情が考えられます。

具体的事例26

《介護老人保健施設の入所者が，成年後見制度を利用するための相談》

Oさんは，60代の女性。

①本人の状況

　夫は他界し，子供はいません。

②本人の居所

　自宅は既になく，友人の家を住所とする住民登録をしたまま，数年前から介護老人保健施設に入所しています。

③成年後見制度利用の理由

　古くからの友人に入所の保証人になってもらっていますが，この保証人が，施設からの問合せに一切対応してくれない等，いろいろな問題が起こっています。

　本人の意向を確認したところ，筋萎縮性側索硬化症（ALS）のため，今後のことも不安であるため，ほかの人と任意後見契約をしたいということになりました。

入所保証人が対応してくれないという例は，少なくありません

　入所保証人や入院保証人が本人に関わる事柄に対応をしてくれず困っている例は，少なくありません。入所・入院させてしまうと，その後，本人が亡くなるまで，一度も見舞いに来ることもないということがあるのが現実なの

です。

　こうした場合，本人の意向を確認して，別の人と任意後見契約をすることで，解決することが可能です。

具体的事例27

《知的障害者施設の入所者が，成年後見制度を利用するための相談》

①成年後見制度利用の理由

　　○○市の知的障害者施設では，障害者自立支援法施行後も，入所契約等をする際に，親族に署名を依頼してきましたが，今般，家族会等での話合いの結果，入所者全員が成年後見制度を利用することに決めました。

　そこで，施設の入所者をまとめて所要の手続をしてもらえるよう，相談することになりました。

施設入所者でまとめて利用を検討する事例は増えています

　障害者自立支援法を利用しての施設入所に当たっては，入所契約をしなければなりませんが，知的障がいによって判断能力が低下している場合には，本人が契約書に署名することは難しいと思われます。こうした場合には，家庭裁判所で後見人を選任してもらい，その後見人が契約する必要がありますが，成年後見制度の利用をためらって，家族が本人に代わって契約書に署名することで済ませてしまっている事例は少なくありません。

　こうした状況を解消するためには，施設から専門職の団体などに対して，施設入所者を一括して，成年後見制度を利用することについての支援を依頼するというのも，一つの方法でしょう。実際そうした事例は増えています。

7　近隣の方

　最近姿を見なくなった，声を掛けても反応が芳しくない，ゴミの整理ができなくなってきた，どうも様子がおかしいなどと心配されて，「どうしたらいいか」という相談があります。

昨今，孤立死や孤独死，無縁社会という言葉が頻繁に聞かれるようになりました。核家族化の進行に伴う，地域コミュニティの崩壊によって，近所とのつながりが薄れていることが原因であると思われます。

今後，こうした状況の解消を図るため，近隣の方や自治会関係者等からの相談が増加していくことも，予想されます。

具体的事例28

《近隣の方が本人の異変に気付き，成年後見制度を利用するための相談》

Uさんは，70代の女性。

①本人の状況

　本人は一人暮らしをしています。近隣の親しくしていた人も皆亡くなってしまい，周囲で本人について詳しい事情を知っている人はいません。

②本人の居所

　公団住宅で一人暮らしをしています。

③成年後見制度利用を検討する理由

　以前は，出歩いている姿を見かけることも多かったのですが，ここしばらく部屋に閉じこもっているようです。新聞や郵便物がたまってきたため，自治会の役員が本人宅を訪問したところ，様子がおかしいため病院を受診してもらいました。

　その結果，認知症を発症していることが分かりました。そこで，成年後見制度の利用に向けて，相談をすることになりました。

> **本人の親族関係調査から始める必要があります**
>
> 　認知症を発症していることから，家庭裁判所に対して後見等開始の審判の申立てを行うことになります。申立ては，本人，配偶者，四親等内の親族等がすることができるのですが，Uさんの場合は，親族関係は全く分かっていない状況です。
>
> 　そこで，本人の親族関係調査から始めなければなりませんが，個人のプライバシーの侵害になるおそれもありますので，住所地の自治体に依頼するとよいでしょう。

第3章
相談を受けてからすること

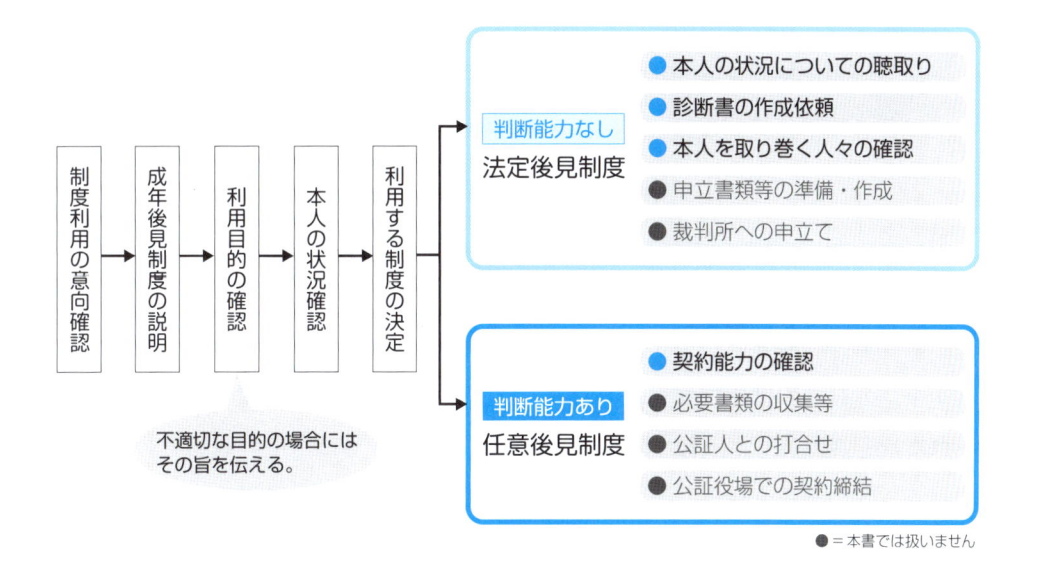

制度利用の意向確認 → 成年後見制度の説明 → 利用目的の確認 → 本人の状況確認 → 利用する制度の決定

判断能力なし　法定後見制度
- 本人の状況についての聴取り
- 診断書の作成依頼
- 本人を取り巻く人々の確認
- ○ 申立書類等の準備・作成
- ○ 裁判所への申立て

判断能力あり　任意後見制度
- 契約能力の確認
- ○ 必要書類の収集等
- ○ 公証人との打合せ
- ○ 公証役場での契約締結

不適切な目的の場合にはその旨を伝える。

○＝本書では扱いません

1　制度利用の意向確認

　成年後見制度の利用を希望するかどうか，相談者の意向を確認します。

　相談者が成年後見制度について一応の知識を持っていることが分かる場合には，一切の先入観を持たず，法定後見と任意後見のいずれの利用を希望するのかを伺います。

　相談開始時点における，相談者の意向を把握することで，必要となる説明の内容を絞り込むことができます。

2　成年後見制度の説明

　相談者に，成年後見制度についての説明をします。最初に，法定後見と任意後見の二本立てであることを話します。

一般の方の場合，この２つの制度の違いをはっきりと理解して相談に来られる方は，少ないのが現実です。そのため，きちんと説明する必要があります。説明の際に一番大切なのは，本人のために財産管理や身上監護に関する行為をしてくれる人を本人が自ら選ぶのが任意後見，家庭裁判所に申立てをして，そういう支援をしてくれる人を選んでもらうのが法定後見という違いを分かってもらうことです。

成年後見制度の「２つの制度」

　現行の成年後見制度は，「法定後見制度」と「任意後見制度」の二本立てです。

(1) 法定後見制度

　認知症・知的障がい・精神障がい等の精神上の障がいによって，判断能力が不十分な人の財産管理や身上監護に関する事務を，家庭裁判所から選任された成年後見人等が支援する制度です。成年後見人等は，その職務を行うには，本人の意思を尊重し，本人の心身の状態及び生活の状況に配慮しなければならないとされています。

① 対象となる方

　認知症・知的障がい・精神障がい等の精神上の障がいによって，判断能力が減退している方。

注意！

ア）精神上の障がいがなければ利用できません。

　　従前の成年後見制度では，浪費者に対し，準禁治産宣告をすることができましたが，平成12年に開始された新たな成年後見制度では，精神上の障がいによる判断能力の低下がない場合には，利用できません。

イ）身体障がいのみでは利用できません。

　　身体障がいのみで，精神上の障がいがない場合には，利用できません。

　　相談者の中には，身体の障がいのみがある方も成年後見制度を利用

できると誤解している人がいます。中には，本人が身体障がいのために預金解約の書類に署名ができないという場合に，銀行から，成年後見制度を利用する必要があるといわれて相談に来た人もいます。

② 手　続

申立人（本人・配偶者・四親等内の親族・市町村長など）による申立てに基づき，家庭裁判所が後見等開始の審判をし，後見人等を選任します。

(2) 任意後見制度

① 任意後見契約を結ぶことができる人

判断能力に問題がなく，契約の内容が理解でき，これを結ぶ意思がある方。

注意！

公証役場での契約の際，本人が，「もうこの話には飽きてしまった」とか「こんな話は聞いていない」などと言い出してしまうと，契約の意思がないものとみなされてしまいます。そこで，公証役場に行く前に，任意後見契約をする本人と，きちんとした打合せをしておく必要があります。

② 任意後見契約

本人と任意後見受任者が当事者となって，本人の判断能力が不十分となった場合における財産管理・身上監護に関する代理権の付与等を内容とする契約を結びます。この契約は，公正証書によってしなければなりません。

注意！

任意後見契約に関する法律3条では，「任意後見契約は，法務省令で定める様式の公正証書によってしなければならない。」と定められています。ですから，公正証書によらない任意後見契約は，無効となります。

◎ 制度利用に当たって誤解されやすいこと

また，成年後見制度については，次のような誤解もよく聞かれます。

① 法定後見制度は裁判所に申し立てればすぐに使える

➡ 利用までには時間が掛かるものです

最高裁判所の統計によると，申立てから後見等開始の審判まで，精神鑑定が不要の場合には1か月程度，通常の場合は2～3か月程度の時間が必要です（事案によっては，4か月程度の場合もありますが，医師の鑑定の期間によって前後します。）。そこで，関係者が，本人の世話をすることができなくなってから申立てをすればいいと考えていると，必要な対応が手遅れになってしまいます。

「そのうち利用すればいい」と言われる方には，早めの決断を勧めるべきでしょう。

具体的事例29

《知的障がいをもつ子供がいるが，まだ大丈夫と考えているAさんの事例》

Aさんには，知的障がいをもつ息子さんがいます。

日常生活は，両親が支えていますし，特に気になることはないようです。もっとも，本人は一人っ子で，両親が亡くなってしまうと援助をしてくれる身寄りはいません。

成年後見制度の利用を勧められてはいますが，両親ともまだ元気なので，踏み切れないでいます。

> **❗ 早めに成年後見制度の利用手続をすることが大切です**
>
> 年老いた母親と知的障がいの長男の2人暮らしの家庭で，母親が急死，長男も餓死というような悲劇が現実に起こっています。
>
> 「いつか」ではなく，できるだけ早めの利用を勧めるべきでしょう。

② 成年後見制度の利用はいつでも止められる

➡ そうではありません

◎法定後見制度の場合

　法定後見が一度開始されると，家庭裁判所は，その開始の審判の原因が消滅した場合（例えば，本人の精神上の障がいが回復して，判断能力を取り戻した場合）でなければ，その審判を取り消すことはありません。また，こうした原因が消滅しなければ，法定後見は本人が死亡するまで継続します。ですから，法定後見が開始されたら，「面倒なので止めたい」，「制度を利用する必要はなかった」等，親族側の勝手な理由で止めることはできません。

◎任意後見制度の場合

　任意後見監督人が選任され，任意後見契約が発効している場合には，同契約は，正当な事由がある場合に限り，家庭裁判所の許可を得て，本人又は任意後見人が解除することができます。

　一方，任意後見契約を締結したのみで，発効前であれば，いつでも本人・任意後見受任者双方から解除できます。

③ 後見人になっていれば相続のときに有利になる

➡ 有利になるとはいえません

　そもそも成年後見制度は，本人のために利用する制度であって，たとえ親族が後見人であったとしても，後見人の利益のためではありません。相続財産を多く残そうとして，本人に必要な支出を避ける後見人もいるようですが，後見人の職務の在り方として問題があります。

　また，後見人として本人のために支出した費用であっても，本人が死亡してその相続が開始した後に，相続人である親族から，その支出の妥当性を疑われ，後見人が自己のために支出したなどと言われて，むしろ嫌な思いをすることも少なくないようです。

④ 後見人になれば本人の代わりに遺言書を作成することができる

➡ 後見人が本人の代わりに遺言書を作成することはできません

認知症の親に代わって，子が自身に有利な遺言書を作るために，後見人等になりたい，というお話も少なくありません。ただし，残念ながら，遺言書の作成は，後見人等の権限が及ばない事柄ですので，代理作成することはできません。

ですから，遺言書作成のために法定後見制度を利用することはできないのです。

なお，被後見人であっても，判断能力を一時回復した時であれば，民法973条1項の規定に従って遺言をすることができることなっています。この場合，判断能力の回復については，2人以上の医師が立ち会って，確認をする必要があり，かつ，同条2項の規定によって，判断（事理弁識）能力を欠く状態になかった旨を遺言書に付記しなければなりません。

> **成年被後見人の遺言**
>
> 民法973条　成年被後見人が事理を弁識する能力を一時回復した時において遺言をするには，医師2人以上の立会いがなければならない。
>
> 2　遺言に立ち会った医師は，遺言者が遺言をする時において精神上の障害により事理を弁識する能力を欠く状態になかった旨を遺言書に付記して，これに署名し，印を押さなければならない。（以下省略）

⑤　後見人になれば，本人の不動産の処分が自由にできる

➡ 自由に処分することはできません

①居住用不動産の処分については，家庭裁判所の許可が必要です。

　後見人が親族や知り合い等に不当に安い価格で売却するなどして，本人に被害を与えることのないように，処分をする前に家庭裁判所の許可を受ける必要があります。

　また，判断能力が低下している被後見人等は，居住環境の変化によって，その心身や生活に重大な影響が生じるおそれがありますので，居住用不動産の処分については，慎重を期すことも求められるのです。

②居住用不動産以外の資産の場合

　別荘や居住の用に供していない（また，供する見込みのない）土地建物などの処分については，家庭裁判所の許可を得る必要はありません。

しかしながら，居住用不動産の処分と同様，本人に損害を与えてはなりませんので，適正価格であることを家庭裁判所に確認してもらった方がよいでしょう。

⑥　気にいらない後見人は，いつでも辞めさせられる

➡ 後見等の任務に適しない事由があれば辞めさせられます

　後見人を辞めさせるためには，不適切な財産管理や本人に不利益となる行為をしたなど，その任務に適しない事由がなければなりません。「親族の意向を無視するのが気に入らない」，「意見が合わない」など，本人の保護の観点を逸脱した理由で家庭裁判所に対して後見人の解任請求をすることはできません。

　なお，解任の請求は，後見監督人，被後見人，被後見人の親族又は検察官がすることができます。また，家庭裁判所が職権で解任することも可能です。

⑦　本人との贈与の約束は後見人に実行してもらえる

➡ 本人の意思確認が不可能ですから実行できません

　「親との間で金50万円の贈与の約束があるから，後見人であるあなたが代わりに支払ってほしい」などという申入れがあることは少なくないようです。

　本人は判断能力が低下している状態にありますから，本人の意思を確認することが難しく，また，本人の財産を，本人の保護目的以外に支出することは適当ではありませんから，後見人としては応じられないことになります。

　ただし，本人が贈与を約束する書面を作成しており，贈与の必要性があったことも確認できるなどの場合には，約束を実行してよいでしょう。もっとも，契約書作成時の本人の判断能力が問題となることもあります。

3　利用目的の確認

　成年後見制度の利用目的を確認します。

　成年後見制度の趣旨は，「認知症，知的障がい，精神障がい等の精神上の障がいによって判断能力が不十分となり，契約等の法律行為の意思決定が困難な方の能力を補う」というものです。そこで，相談者の目的は何であるかの確認を行います。

(1) 誰のために利用するのですか

　成年後見制度は，①本人の財産を適切に管理するとともに，②本人の生活を援助し，③本人に関する様々な問題を解決するために利用するものです。相談を受ける際には，このこと（本人の利益のための制度であって，相談者等の第三者のための制度ではないこと）を，しっかり認識しておかなければなりません。

　そして，相談者に対して，必要な説明をしなければならないのです。

　成年後見制度は，以下の理念に基づいています。

成年後見制度の「三大理念」

　成年後見制度は，高齢社会への対応と，知的障がい者・精神障がい者の福祉の充実という観点から，「自己決定の尊重」，「残存能力の活用」，「ノーマライゼーション」の3つを基本理念としています。そして，本人の利益の保護を実現するために，柔軟かつ弾力的な利用しやすい制度であることを目標としています。

(1) 自己決定の尊重

　後見人等は，本人の財産管理・身上監護に関する事務は行うに当たっては，本人の意思を尊重しなければならないとされています。

　後見人等は，本人の自己決定の尊重と本人の利益保護の両立を図りつつ，後見業務を行わなければならないのです。

具体例

　Ｖさんは，30代の男性。

①本人の状況

　　精神上の障がいに併せて身体にも障がいがあるため，障害者施設に入所しており，遠出をするためには介護タクシーの利用や付添いの方の同行が必要になる状態です。

②本人の収支状況

　　収入は障害年金のみで，施設の利用料を支払うと，その他には少ない生活費が残る程度です。

③本人の希望

　Ｖさんは，有名なアーティストのファンで，今回，ライブに行くことを熱望しています。ライブに行くためには，1万円近いチケット代の支払のほか，介護タクシー代等の支払も必要となります。

　自己決定の尊重の立場からすると，実現をしてあげるべきだと考えますが，一方で生活費が足らなくなるおそれも大きいのが現実です。後見人等としてどうしたらよいのでしょう。

> **自己決定と本人保護のバランスを考える必要があります**
>
> 　自己決定の尊重にのみ固執してしまい，本人の利益の保護の視点を逸脱することは許されません。そこで，本人と話合いをし，CDやDVDをレンタルすることで，納得してもらいました。

(2) 残存能力の活用

　何らかの障がいのある方が，残された機能を用いて発揮することができる能力を，残存能力といいます。本人の能力の失われた面にとらわれるのではなく，現在残っている能力に着目し，障がいのある方が，自分らしく生活を送るためには，そのような能力を最大限に活用することが必要であると考えるのです。

具体例

　平成18年の介護保険制度改正以前は，要介護度1の方であっても，手厚いサービスを利用することが可能でした。しかしながら，その結果，要介護度が悪化する事例が多く見られました。そこで，介護予防を取り入れることで，残存能力を最大限活用し，本人ができることは自らしてもらうようになりました。介護予防についての相談などは，地域包括支援センターですることができます。

(3) ノーマライゼーション

　1960年代に，北欧諸国が社会福祉政策の理念の一つとして採用したもので，

「障がい者を排除するのではなく，障がいがあっても健常者と同様に当たり前に生活できるような社会こそがノーマルな社会である」という考え方です。デンマークのバンク＝ミケルセンが提唱し，スウェーデンのベングド・ニリエが世界中に広めました。

バリアフリーやユニバーサルデザインも，ノーマライゼーション実現のための手段だといえます。

> **具体例**
>
> 平成12年4月に開始された介護保険制度においては，介護サービスを利用するには，ケアマネジャーの作成したケアプランの内容を確認し，契約をすることが必要になりました。
>
> ところで，認知症などの精神上の障がいによって判断能力の低下した方の場合，自らは契約をすることができず，介護保険制度を利用することができなくなってしまいます。
>
> こうした契約能力を成年後見制度を利用することで補うことができ，介護サービスを受けることができるようになります。

もちろん，成年後見制度を利用する結果として，相談者のためになることもあります。

具体的事例30

《介護放棄が解消され，本人と相談者が共に救われた事例》

Mさんは，60代の男性。

①本人の状況

幼少期の病気のため知的障がいとなりました。両親が世話をしてきましたが，その死後は，姉夫婦が世話をしていました。

②成年後見制度を利用した理由

しかし，長年にわたる介護の負担によるストレスから，世話をしていた姉が体調を崩してしまい，介護放棄（ネグレクト）のような状況となってしまいました。

姉夫婦が長年にわたって苦労している姿を見かねた親族が，家庭裁判所に後

見開始の審判の申立てをし，行政書士が後見人に選任されました。

③成年後見制度を利用した結果

後見人は，医療関係者や地元自治体担当者と連携し，その協力を得て，本人を特別養護老人ホームに入所させることができました。

その結果，本人は十分な援助を受けられることにより，自分らしさを取り戻すことができました。また，姉夫婦は長年の介護から解放されたのです。

> **！ 本人と相談者が共に救われることになりました**
>
> 成年後見制度を利用することで，介護放棄の状況に置かれた本人の保護が果たされるようになりました。
>
> また一方で，長年の介護負担から解放された姉夫婦は，夫婦で旅行に出掛けるなど，新たな生活ができるようになったのです。

📖 介護放棄（ネグレクト）とは？

高齢者虐待の一つで，生活に必要な介護を拒否し，又は意図的に怠ること，必要な医療を受けさせないこと，食事，衣類，暖房などの必需品を提供をしないこと（極端な場合には，戸外への締出しなど）の態様があります。

その他の虐待としては，身体的虐待，心理的虐待，経済的虐待，性的虐待などがあります。

(2) 何のために利用するのですか

成年後見制度は，本人の財産管理を適正に行い，本人の身上に配慮しながら必要な福祉サービスを利用する等して，本人の利益ひいては幸せを実現するために利用するものです。

具体例

①病院に入院しているが，預貯金が引き出せず医療費が支払えない。
　→　成年後見制度を利用することで，成年後見人が金融機関との取引を行い，預貯金を引き出すことができるようになります。

②全く身寄りがおらず，介護や金銭管理ができない。 　→　成年後見制度を利用することで，介護を受けるための手続や金銭管理をしてもらうことができるようになります。
③契約に不慣れなため，悪質商法の被害に遭ってしまう。 　→　成年後見制度を利用することで，不適切な契約をしてしまった場合に，解約をすることができるようになります。
④契約内容の理解が難しいため，介護保険の利用が出来ない。 　→　成年後見制度を利用することで，介護保険制度や障害者自立支援法に基づくサービスを利用することができるようになります。

　次のような目的のために成年後見制度を利用することは，制度の趣旨に反しており，不適切ですから注意が必要です。

①預貯金口座を解約して，親族でお金を分けるため 　→　本人の利益の保護という趣旨を明らかに逸脱していますので，不適切です。 　**家族の立替金の精算や未払金の支払は問題ありません** 　　親族が，(ⅰ)医療費や施設入所費を立て替えていたり，(ⅱ)これらの費用の未払がある場合には，本人の預貯金から償還を受け，又は支払をすることには問題がありません。そのためには，後見人等を選任して，必要な事務処理をしてもらう必要があります。
②不動産を処分して，売却益を分けるため 　→　本人の利益の保護という趣旨を明らかに逸脱していますので，不適切です。 　**医療費や施設利用費の支払のためなら問題ありません** 　　本人の年金収入が少なく，医療費や施設利用費の支払にも事欠く状況にあるが，本人の不動産の処分をすれば，支払うことは可能だという場合には，もちろん不動産の処分も認められます。そのためには，後見人等を選任して，不動産の売買契約の代理をしてもらう必要があります。
③相続で有利になるため 　→　本人の利益の保護という趣旨を明らかに逸脱していますので，不適切です。 　**そもそも相続で有利になることはありません** 　　親族である後見人が，相続財産を多く残そうとするあまり，本人に必要な支出を避けるようになることもありますが，制度の趣旨からみて，非常に問題があると思います。 　　また，後見人として本人のために支出したものであっても，他の親族から，その妥当性について疑われ，後見人が自己のために支出したなどと言われることもあるようです。そもそも後見人だから相続に有利になるということはないのです。

相談者から利用目的を聴取した結果，その目的が不適切であると考えられる場合には，その旨を伝え，以降の相談をお断りする必要があります。

不適切な利用であるのが明らかであるのにお手伝いをしてしまうと，結果的に，本人の財産を侵害する援助をしたことになりかねませんので，注意が必要です。

4 本人の状況確認

(1) 相談者から聴取した状況をもとに，原則として本人に面会します

成年後見制度を利用するに当たっては，本人の判断能力がどの程度であるかを知ることが大切です。

この点で，判断を誤りますと，せっかく進めた準備を仕切り直さなければならないことになりかねませんので，しっかりと確認しなければなりません。

① 本人の判断能力に関する相談者の説明をうのみにしてはいけません

認知症は，身近な家族にとっては，非常に分かりにくいものです。なぜなら，家族の日常的な会話の中では，すれ違いや勘違いは日常茶飯事ですので，それが認知症によるものと気が付かないことがあるからです。気付いていても，認知症とは認めたくないという思いが影響していることも少なくありません。

そこで，原則として本人に面会し，判断能力の状況を確認しなければなりません。

② 「物忘れはあるけれど話は通じます」は危険

認知症になると，失語や言語障害が生じます。

本人も，以前のような対応ができなくなったことに気付いているのですが，その人なりに対処しようとするために，理解ができないけれども，取りあえず応答してしまうことがあります。つまり，外観上会話が成り立っているのに，話が通じているわけではないのです。

そのために，時間をおいて聞いてみると，本人が全く覚えていないということが少なくありません。

具体的事例31

《本人に面会した結果，認知症が判明した事例》

Hさんは，70代の男性。

①本人の状況

病院に入院し，継続して人工透析を受けており，内部疾患の身体障害者1級で，要介護度は1です。

②本人に面会した結果

今後の財産管理や身上監護について，親族が本人と話合いを行い，任意後見契約を結ぼうということになり，相談がありました。本人の状況について確認したところ，話は通じるが，頑固でなかなか了解してくれないとのことでした。

実際に面会し，親族との会話を聴いてみたところ，本人からは「分かってるよ」という言葉がしばしば発せられました。ところが，話のつじつまは合っておらず，取りあえず応答しているのが明らかでした。

> **本人に面会した結果，認知症が判明しました**
>
> 当初の相談では，物忘れはあるが話は通じるとのことで，任意後見契約を結ぶつもりでしたが，面会の結果，本人の判断能力の低下が明らかとなったため，法定後見制度の方を利用することになりました。

失語・言語障害とは？

失語には，発話の障がいが中心のものと，言葉の理解の障がいが中心のものがあります。認知症の場合，以下のような，言葉を見つけ出すこと，又は理解することについての障がいが生じやすいと言われています。

・換語困難（言葉の言い換えが難しくなる。言葉がうまく出てこなくなる。）
・語想起の低下（単語を思い出すことが難しくなる。）
・言語理解の低下（相手の言葉の内容が理解しづらくなる。）
・反響言語の出現（相手の言葉をオウム返しする。）

(「認知症ライフパートナー検定試験　基礎検定　公式テキスト」日本認知症コミュニケーション協会発行（中央法規出版，2009年））

③　恥ずかしいから知られたくない

　本人も判断能力の低下に気付いているのですが，恥ずかしさから，誤魔化そうとすることも少なくありません。

　実際には，徘徊を繰り返す，自宅が整理できないためにゴミ屋敷になっている，物をなくしてしまう，記憶の混迷があるなどの状況であっても，人と会うときにはしっかりしているため，医師ですら見抜けないこともあります。

具体的事例32

《家庭裁判所から別の医師による診断書の作成を指示された事例》

　Kさんは，80代の女性。

①本人の状況

　　夫と死別し，一戸建て住宅に独居しています。

②成年後見制度利用を検討した理由

　　ある日，離れて暮らしているおいの元に，近所の方から様子がおかしいとの連絡がありました。訪問してみたところ，客間以外はゴミが散乱しており，通帳等の重要書類も紛失しているようでしたが，本人に確認してみても，らちが明かない状態でした。

③医師による診断の結果

　　おいは，本人の状況から，法定後見制度の利用を決断し，区役所に相談したところ，医師を紹介されたので，本人を連れて数回受診し，診断書を作成してもらいました。

　　本人の状況から，当然「後見」類型になるものと思っていたところ，なぜか「保佐」との診断が出たため，不審に思い医師に確認したところ，「私の前ではきちんとしているから，保佐という診断を変えない」と言われてしまいました。

　　仕方なく，そのままの診断書を家庭裁判所に提出したところ，後日，「本人の状況からは，明らかに後見なので，改めて別の医師に作成してもらうように」と指示されてしまいました。

> **医師ですら見誤ることもあります**
>
> 　アルツハイマー型の認知症では，判断能力の低下が徐々に進行しますが，本人も，日々できなくなっていく状況は理解しているのだそうです。
> 　そして，そのことを人に知られたくないために，人前ではきちんとしていることが少なくないのです。その結果，医師の前ではしっかりしているように見られてしまったのでしょう。

④　記憶障害に関する法則

　認知症では，その初期から記憶障害が見られます。認知症の記憶障害では，次の３つの特徴があります。

ア　記銘力低下（ひどい物忘れ）

　話したり，聞いたり，行ったりしたこと，つまり体験したことをすぐに思い出す力を「記銘力」といいます。認知症が始まると，最初にこの力が低下します。つまり，ひどい物忘れが起こります。

イ　全体記憶の障害

　「出来事の全体をごっそり忘れてしまうこと」をいいます。認知症が始まると，自分が体験した出来事全体を忘れてしまうようになります。

ウ　記憶の逆行性喪失

　蓄積されたこれまでの記憶が，現在から過去に遡って失われていく現象をいいます。「その人にとっての現在」は，最後に残っている記憶の時点ということになります。

　以上の記憶障害によって，取りあえず応答した会話について，その直後には忘れてしまっているということが少なくありません。

具体的事例33

《想像以上に記憶障害が進行していた事例》

　Ｓさんは，70代の男性。

①本人の状況

　脳梗塞の治療のため病院に入院していますが，今後の財産管理などのために，任意後見契約を結ぶ準備を進めていました。

②会話の中から判明した記憶障害の進行

　契約書の内容を確認し，いよいよ公証人と打合せを行うことが決まりました。入院中の病院を訪れて，本人に最終確認をすると，「お前は遅い，もたもたしてないで早くしろ」とのことでした。

　そこで，任意後見契約締結の意思確認ができたと考えて，辞去しようとしたところ，病院の医療相談員から呼び止められて，本人の今後の治療方針についての話がありました。5分程度立ち話をした後，再度本人に対して，「これで契約していいですね」と声をかけたところ，「そんなことは頼んでいない！」と言われてしまいました。

　このことから，Sさんが重度の記憶障害であることが判明しました。検査を行ったところ，脳梗塞を原因とする脳血管性認知症が進行していたのです。

❗ 任意後見の利用が不可能になってしまいました

　判断能力が低下していることが判明したため，任意後見契約の締結を諦め，家庭裁判所に後見開始の審判の申立てをすることになりました。

　脳血管性認知症の場合，思いもよらないスピードで，記憶障害が進行することもあります。本人の心身の状況については，一度確認をして問題がなかったからよいと思い込んではいけません。適宜確認する必要があるということです。

📖 認知症とはどのようなものか？

　認知症とは，①脳への何らかの器質障害（脳の組織に変化が生じ，それに伴い脳の機能が損なわれること）を基本に，②記憶障害，③認知機能障害（記憶，見当識，理解・判断力などの障害や低下）が生じ，これらに伴って，④生活に支障を来たす状態をいいます。

　つまり，そもそも認知症とは，心の病ではなく，神経の病なのです。

認知症の原因となる病気等には数多くのものがありますが，その原因別にアルツハイマー型認知症，脳血管性認知症及びレビー小体型認知症を，特に三大認知症といいます。また，アルツハイマー型認知症と脳血管性認知症の複合型のものもありますし，その他の病気による認知症もあります。当然のこととして損傷した部位によって認知症の症状は異なります。

（ⅰ）アルツハイマー型認知症

　　βアミロイド蛋白と言われるたんぱく質が脳の神経細胞に蓄積し，神経細胞が破壊され，脳が萎縮することによって起こる認知症です。徐々に進行し，最後には脳幹の萎縮，自律神経の停止より死に至ります。

　　発病初期の段階であれば，塩酸ドネペジル（アリセプト）の投与によって，進行を抑制することができます。そのほか，レミニールや貼り薬のイクセロンパッチなども薬物療法として利用されるようになりました。

（ⅱ）脳血管性認知症

　　脳梗塞，脳内出血など，脳の組織が損傷することで起こる認知症です。約8割がいわゆる脳卒中の発作の後遺症として起こり，残る約2割は目立たない小さな脳梗塞によって起こると言われています。急激に症状が起こりますが，新たに脳組織が損傷しない限り，進行はしません。進行する場合は，これに伴って，介護拒否・自傷他害・暴言暴力等の問題行動が発現する場合があります。

（ⅲ）レビー小体型認知症

　　たんぱく質の一種であるレビー小体が，脳の大脳皮質にできて神経細胞を障害することで発症します。びまん性レビー小体病とも呼ばれます。

　　初期に幻覚（特に幻視）や妄想が出現し，次第に，物忘れなどの認知症の症状が現れ，さらにパーキンソン病に似た運動障害が出現します。また，日内変動が激しいと言われています。

（ⅳ）その他の認知症

　　ピック病，ヤコブ病，水頭症，薬物性疾患などがあります。

(2) 五感を活用して本人の状況を確認します

　本人と面会をするときは，目・耳・鼻などの五感を十分に活用して，本人の状況を確認します。

　認知症になりますと，失行や失語等が始まります。その結果，本人の状況に様々な変化が起きます。面会に際しては，その変化をしっかり見極めることが重要なのです。

　なお，単独で訪問することによって，警戒心を抱かれてしまうと，本人の状況確認に支障を来たすおそれがありますので，面会の際には，親族や相談者に同席してもらうようにします。

① 目を使って状況を確認――じっくり目を凝らして――

　認知症になると，体の運動機能や，骨，関節，筋肉，神経系に問題がないにもかかわらず，動作がうまくできなくなる「失行」が見られるようになります。

　その結果，洗髪及び整髪，洗顔，口腔清浄，更衣などの身だしなみ，部屋の整理などの整理整頓が難しくなります。

　本人宅を訪問して，簡単に見分けることができることもありますが，本人が，自分の失行に気付いていると，何とか隠そうとすることがありますので，意識をして確認しなければ分からないことも多いのです。

　なお，家の中を見られることを嫌う方も多いはずですので，親族や相談者に本人を連れ出してもらい，その間に確認をすることも必要でしょう。

具体的事例34

《意識をして見ることが大切であることを教えてくれた事例》

　Ｙさんは，80代の女性。

①本人の状況

　ご主人が他界したため，行政書士が相続問題の処理についてお手伝いをしていました。その際には，しっかりとしており，特に変わった様子はありませんでした。

②認知症の判明

　ところが，半年ほど経過したある日，本人のめいから様子がおかしいとの連絡を受けました。それによると，夜間に徘徊したり，預貯金通帳を紛失し見つけられないとか，既に売却したゴルフ会員券を盗まれたとか言って騒いでいるとのことです。

　医師の診断を受けたところ，アルツハイマー型の認知症であることが判明しました。

　その後，分かったことによると，以前お伺いしていた際から，玄関周りと客間以外はゴミが詰め込まれているような状況だったそうです。

> **意識して見ることが肝要です**
>
> 　意識をして「見よう」としないと，認知症を発見することは難しいものです。この事例では，行政書士が何度か訪問していたにもかかわらず，本人と会っている部屋や玄関は整理が行き届いていたために，ゴミが詰め込まれている状況などには，全く気付くことができなかったのです。

> **失行とは？**
>
> 　運動機能が損なわれていないにもかかわらず，意図する動作を行うことができなくなること。以下のようなものがあります。
> 　構成失行（立体図形や絵が模写できなくなる。）
> 　観念運動失行（単純な指示の動作ができなくなる。）
> 　観念失行（使い慣れた道具を使うことができなくなる。）
> 　着衣失行（衣服の着脱ができなくなる。）

（「認知症ライフパートナー検定試験　基礎検定　公式テキスト」日本認知症コミュニケーション協議会発行（中央法規出版，2009年））

②　耳を使って会話を聞いてくる——しっかり聞き耳を立てて——

　認知症になると，「失語」や「言語障害」が生じるようになります。

　その結果，相手の話の内容が理解できないにもかかわらず，取りあえず応答し

てしまうことになります。日常接している家族などは，会話が成立しているように感じることもあるようです。

本人と面会した際には，まず，本人と相談者との会話を，聞き耳を立てて聞きます。そして，話のつじつまが合っているかどうか確認します。

具体的事例35

《第三者として客観的に聞くことから本人の状況が分かる事例》

Aさんは，70代の女性。

①本人の状況

ご主人が他界して以降，独居していますが，日常生活に心配が出てきたので，本人の弟から任意後見契約を締結したいとの相談がありました。

任意後見契約を結ぶためには，契約の内容が理解でき，契約の意思があることが必要です。また，公正証書の方式でする必要があります。

②家族との会話の状況

訪問して，本人と弟の会話を聞いていると，何度説明しても，その場では返事をするが，少し時間が経つと分からない状態の繰り返し。弟は，わざとそのようにしているのではないかと受け取り，途中から怒り出してしまいました。

> **第三者として客観的に聞きます**
>
> 本人が認知症であることを認識していないと，家族等はからかわれているような思いになり，イライラしてくることも少なくありません。そのような場合，余計な口を挟むことなく，第三者として客観的に，そして冷静になって聞くことが大切です。

③ 鼻を使って状況を確認——頑張って鼻をきかせて——

前記①でも触れた「失行」によって，風呂に入らなかったり，ゴミがそのままであったり，食品が腐っていたりということがあります。

その結果，悪臭がすることがありますので，確認します。

具体的事例36

《失行によって不潔な状態になってしまった事例》

Rさんは，70代の女性。

①本人の状況

マンションで一人暮らしです。しばらく前から風呂に入らなくなり，周囲の方は心配しています。また，体臭が気になります。

②臭い以外の状況を発見することも

関係者が訪問して，話を聞いてくるのですが，Rさん宅にお邪魔した後，足が痒くて仕方なかったのですが，どうやら，皮膚や頭皮が床のカーペットに落下し，ダニやノミが繁殖してしまっているようです。

また，冷蔵庫内の片付けができなくなっており，食品が腐っているのが見つかりました。

> **❗ 不潔な状況にも負けてはいけません**
>
> 残念ながら，本人が整理整頓ができない，掃除が行き届いていない，風呂に入っていないなどのことから，非常に不潔な状況にある方も少なくありません。関係者が訪問することに躊躇を覚えることもあると思いますが，本人のためですので，しっかりと確認したいものです。

(3) 複数回の面会が必要となる場合もあります

1回面会しただけで，本人の判断能力の有無を確認できればよいのですが，判断しづらい場合には，複数回面会を行う場合もあります。その際には，1週間程度の間をおきます。

なお，2回目以降の訪問では，同席してもらう親族や相談者に，本人には訪問することを内緒にしておいてもらうよう伝えます。あらかじめ伝えておくことで，忘れてしまっている記憶が呼び起こされ，判断能力の有無の確認に支障を来たすことにもなりかねません。

具体的事例37

《判断能力の確認のために，再度の訪問をした際の事例》

Eさんは，60代の女性。

①本人の状況

　親と住んでいた自宅に一人で住んでいます。任意後見契約を利用したいとの相談があり，面会をしました。ところが，判断能力の有無を確認することができませんでしたので，1週間後に再度訪問しました。

②突然の訪問を装って

　その際，同行する親族には，訪問することを本人に伝えないように依頼し，たまたま立ち寄ったように装い，覚えているかどうかを確認してみることにしました。

　訪問した際，本人に「私のことを覚えていますか？」と聞いてみたところ，「その体型を見忘れるわけないでしょう。この前来た人だよ」と言われましたので，判断能力があると確認しました。

> **内緒で伺うことが大切です**
>
> 　認知症による判断能力の低下した方でも，日常とは違う「お客様が来る」という出来事は心に残っていることが多いようです。そのために，あらかじめ訪問することを伝えてしまうと，前回会ったこと自体を覚えていないにも関わらず，分かったふりをされてしまい，確認が難しくなってしまいます。
>
> 　そこで，内緒で伺うことが大切なのです。

5　利用する制度の決定

　本人の状況確認の結果から，利用する制度を決定します。一般には，判断能力に問題がなく，契約をすることが可能であれば任意後見制度を，判断能力の低下が見られる場合には，法定後見制度を利用することになります。

　成年後見制度利用開始時点の判断能力と利用する制度の関係は，次のとおりです。

判断能力の状況			
不十分 法定後見			十分 任意後見
欠く常況 後見	著しく不十分 保佐	不十分 補助	

なお，法定後見制度を利用する場合には，申立類型を後見，保佐，補助のいずれかにする必要がありますが，これについては，医師の診断書の記載内容を確認することになります。

具体的事例38

《診断書によって申立類型を決定した事例》

Lさんは，70代の男性。

親族の話では，いわゆるまだら認知症があり，財産管理に不安があるので，法定後見制度の利用に向けた検討をすることになりました。

主治医の作成した診断書によると，保佐程度とされていましたので，「保佐」類型で申し立てることとなりました。

《任意後見制度》

★任意後見制度を利用することになった場合

本人状況の確認の結果，任意後見制度を利用することとなった場合，契約の内容に関する本人の希望など，より細部についての確認をすることとなります。

6 契約能力の確認

(1) 判断能力の確認

任意後見契約を締結するには，当事者（委任者と受任者）がその内容を理解して，締約の意思があることが必要です。

そこで，本人と何度か面会をする機会に，契約書の内容や，締約の意思を確認

しておきます。

🏠 具体的事例39

《契約の意思確認の際の事例》

　Ｊさんは，70代の女性。

　2回の訪問で，任意後見契約を結ぶことができる判断能力のあることが確認できましたので，実際の契約締結に向けて，契約の内容を理解しているか，契約の意思があるかの確認を行うことにしました。

　3回目の訪問時に，契約書案を持参し，読み合わせをしながら話をしたところ，「内容には問題ない」，「契約もしたい」とのことで，契約の意思があることを確認できました。

🏠 (2) 署名できるのかどうかの確認

　任意後見契約を結ぶには，身体障がいなどにより署名をすることが不可能であっても，差し支えありません。契約の意思を確認できればよいのです（公証人法39条4項）。ただし，その場合，公証人が公正証書に「署名できないこと」を明記しなければなりませんので，あらかじめ伝えておく必要があります。そこで，本人に確認しておきます。

🏠 具体的事例40

《実際の署名が不可能な場合の事例》

　Ｖさんは，40代の男性。

　30代の頃，交通事故で重傷を負ってしまい，それ以来，首から下が麻痺してしまい，寝たきりの状態です。

　今回，任意後見契約を締結することになりました。麻痺のため署名することができませんが，公証人に問い合わせたところ，本人の判断能力を確認することができれば，契約することは可能だと言われました。

> **証書の作成手続**
>
> 公証人法39条4項
> 　列席者ニシテ署名スルコト能ハサル者アルトキハ其ノ旨ヲ証書ニ記載シ公証人之ニ捺印スルコトヲ要ス

(3) 印鑑登録の有無，実印の確認

　任意後見契約の公正証書作成の際，印鑑登録証明書と実印が必要になります。

　高齢者の場合，印鑑登録をしていないことも多いので，その場合には，登録手続の援助が必要となることもあります。

　また，印鑑を複数所持している場合には，印鑑登録はしてあるが，どれが実印なのか分からなくなってしまっていることも少なくありませんので，併せて確認しておくとよいでしょう。

具体的事例41

《行政書士が支援し印鑑登録を行った事例》

　Ｉさんは，70代の女性。

　今回，行政書士と任意後見契約を締結することになりましたが，今まで一度も印鑑の登録をしたことがありません。

　印鑑登録をするために市役所に赴いたところ，①運転免許証又はパスポートを提示するか，②市内で印鑑登録をしている方を保証人とするか，のいずれかでなければ，即日印鑑証明書を発行することはできないと言われてしまいました。

(4) 費用支払能力の確認

　任意後見契約締結の際の公証人手数料，契約後の任意後見受任者及び任意後見人の報酬，本人の将来の生活費等の支払能力があるかどうかについて確認をします。

　本人の将来の生活費に関しては，現在の年齢から考えて，向こう何年程度生存することになるかを予想して判断することになります。その際には，突発的に発

生する可能性がある医療費等についても考慮する必要があります。

この後，必要書類等の収集，公証人との打合せを行い，公証役場での契約締結となります。

《法定後見制度》
★法定後見制度を利用することになった場合

本人の状況確認の結果，法定後見制度を利用することとなった場合，申立てに向けての作業を行うことになります。

7 本人の状況についての聴き取り

相談者から，本人の状況についての聴き取りを行います。

本人の状況についての情報は，法定後見の開始後も，福祉サービスの利用等の援助を受ける際に必要ですので，しっかりとした把握が求められます。

◎ 聴取事項一覧

① 本人が所持している各種障害に関する手帳等についての確認を行います

○療育手帳の有無，障害程度

療育手帳（愛護手帳，愛の手帳，みどりの手帳という自治体もあります。）は，知的障がいを持つ方に，都道府県あるいは政令指定都市が発行する障害者手帳です。

家庭裁判所に後見等開始の審判の申立てをする際には，これらの手帳の写しを提出することで，本人の判断能力の状況を明らかにすることができますから，精神鑑定が省略される場合もあります。もちろん，後見等が開始された後に，様々な福祉サービスを受ける上でも必須のものです。

なお，障害程度の区分は，自治体によって異なります。

○精神障害者保健福祉手帳の有無

精神障がいがある方について，その状態を証する手帳で，都道府県が発行します。被交付者のプライバシーに配慮して，手帳の表紙には「障害者手帳」と

のみ表示されています。

　後見等が開始された後に，様々な福祉サービスを受ける上でも必須のものです。

○**身体障害者手帳の有無**

　身体障がいがある方が，健常者と同等の生活を送るために最低限必要な援助を受けるための，いわば証明書に当たるもので，市町村が発行します。

　後見等が開始された後に，様々な福祉サービスを受ける上でも必須のものです。

② 要介護度等について確認を行います

○**介護保険制度の利用の有無，要介護度**

　相談に来られた方が，よく言われるのは「介護度が○だから認知症がある」また逆に「認知症がない」ということです。ところが，実は認知症の有無と，介護保険の要介護度の状況は必ずしも一致しません。

　そこで，介護保険を利用しているのか，また，利用している場合の要介護度（要支援1～2，要介護1～5）はどうかについて確認します。

○**障害者自立支援法の利用の有無，障害程度の区分**

　福祉サービスの利用状況と，本人の障害程度の区分について確認します。

　障害程度の区分については，障害福祉サービス受給者証に記載されています。

③ 本人の生活の状況について

○**居所　→　在宅・施設・病院・その他**

　本人が現在生活している場所について確認します。

　家庭裁判所に後見等開始の審判の申立てをする際には，申立書に本人の居所を記載することを要します。また，任意後見契約を結ぶ際に，本人が公証役場に出向くことができず，公証人が本人の居所に出張して契約をすることがありますが，その場合には，公証人にその場所を明示しなければなりません。このようなことから，本人が現に生活している場所を確認する必要があるのです。

○判断能力 → 相談者の主観でもよい

本人の判断能力の状況について，相談者の主観で構いませんので，聴き取ります。もちろん，後に本人に面会して確認をする必要があります。

●確認例

(ⅰ) かなりの物忘れはあるが，話をすれば理解できる。日常的な会話に問題はない。
(ⅱ) 療育手帳（A1）を所持する知的障がい者。後見申立て時は知的障がいのみであったが，その後アルツハイマー認知症を発症していることが判明した。
(ⅲ) 認知症のため，判断能力がかなり低下している。

○日常生活の状況

本人の日常生活の状況について聴き取ります。

施設入所中であれば施設内での生活状況を，病院入院中であれば病院内での状況について確認します。

●確認例

(ⅰ) 特別養護老人ホームへ入所中。以前は，デイルームで過ごすこともあったが，現在は居室のベッドで過ごすことが多くなっている。
(ⅱ) 医療療養病床に入院中。随時，たんの除去管理が必要。摂食障害があり，胃ろうを造設し栄養補給を行っている。

○利用サービス

本人が利用している福祉サービスについて聴き取ります。

●確認例

・ 週3回の訪問介護（ホームヘルプ）と，週2回の通所介護（デイサービス）を利用している。

④ 資産の状況

○年金の受給の有無，年金の種類

　本人の年金受給の有無と，年金の種類を確認します。

　年金の種類としては，公的年金として，国民年金，厚生年金，共済年金，障害年金及び労災年金などがあります。なお，障害年金には，1級と2級がありますが，障害の等級とは異なりますので，その点も確認します。

　また，かんぽ生命などの民間保険会社による年金もありますので，こちらも確認します。

●確認例

(ⅰ)　厚生年金を受給している。
(ⅱ)　1級の障害年金を受給している。
(ⅲ)　若い頃に遭った労災を原因として，労災年金を受給している。

○その他の収入

　給与や不動産の賃料収入がある場合もありますので，確認します。

●確認例

(ⅰ)　本人は自宅に隣接した住居を賃貸しており，毎月家賃収入を得ている。
(ⅱ)　本人は，株式会社○○○に勤務しており，毎月末日限り給与が支払われている。

○資産　→　預貯金・不動産

　本人名義の預貯金，有価証券，不動産について確認します。不動産については，本人の居住用のものだけでなく，資産として所有しているものも含めて，全て確認します。

●確認例

(ⅰ)　○○信託銀行に，投資信託を預託している。

(ⅱ) ○○証券に，所有している株式の管理を委託している。

⑤ 必要と考えられる援助

聴き取り時点で必要と考えられる援助について確認します。項目によっては，重複した内容となる場合もあります。

○財産管理

財産管理とは，「財産の現状を維持すること」，「財産の性質を変えない範囲で利用し，改良すること」，「財産を処分すること」で，具体的には次のような行為を指します。

① 重要な証書の保管と各種手続の履行
② 年金・賃料その他の収入の受領や管理
③ 金融機関との全ての取引き
④ 必要な費用の支払等
⑤ 居住用不動産の維持・管理
⑥ 日常生活での金銭管理
⑦ 寺社等への贈与（本人が行っていた寄付，寄進等の継続）
⑧ 本人に必要な衣類や生活用具の購入
⑨ その他の財産の維持・管理・処分

●確認例

(ⅰ) 本人名義の預貯金の管理。
(ⅱ) 居住用不動産の維持・管理。
(ⅲ) 施設へ預託している金銭の確認と補充。

○身上監護

身上監護とは，生活・療養看護に関する事務を処理することをいい，医療や介護に関する契約を締結するなどの法律行為が想定されています。なお，事実行為としての介護等は含みません。具体的には，次のようなことを行います。

①医療に関する事項 　・病院等の受診，医療・入退院等に関する契約，費用支払
②住居の確保に関する事項 　・本人の住居の確保に関する契約，費用支払 　・本人の住居を決定するための情報収集並びに本人の意思確認 　・本人の住居の維持，快適な住環境保持のための状況把握
③施設の入退所，処遇の監視，・異議申立て等に関する事項 　・福祉施設等の入退所・通所に関する契約，費用支払 　・福祉施設等を決定するための情報収集並びに本人の意思確認 　・福祉施設等への定期的訪問による処遇に対する監視・監督行為 　　→　施設等に入所している場合の処遇について，定期的な訪問や電話連絡等の手段によって，監視・監督を行います。必要に応じて，要請や申入れを行います。 　・福祉施設等を利用する本人の意思・苦情等の聴取 　　→　認知症などによる判断能力の低下がある場合，事実と異なる訴えとなることもありますので，慎重に対応することが重要です。
④介護・生活維持に関する事項 　・介護・保健・福祉サービスに関連して必要な申請，契約，費用支払 　・本人を取り巻く支援関係者との会議・協議や状況確認・連絡・調整 　・本人の心身状態，生活状況，社会参加に対する希望の把握並びに意思確認 　・身上監護業務遂行上不可欠な親族等との連絡調整 　　→　本人について，医療行為を行う必要がある，生命が危険な状況にあるなどの際，親族との連絡調整を行う必要があります。一方，後見人として，親族等との頻繁な連絡は避けるべきと思います。 　　　なぜなら，頻繁な連絡によって，結果として親族の意向に従うことになってしまい，本人の利益を侵害するようなことになるおそれがあるからです。常に，一定の距離感を保たなければならないのです。
⑤教育・リハビリ等に関する事項 　・教育・リハビリ・就労・余暇活動・文化的活動等の社会参加に関する契約，費用支払
⑥その他契約の履行に関する追跡調査 　・施設・病院等との契約に基づいたサービス等の提供が行われているか

●確認例

(ⅰ)　入院・入所費の支払状況。

(ⅱ)　体調を崩した際の入院手続等。

(ⅲ)　入院中の病院との随時の連絡方法。

　　(ⅳ)　施設入所の際における契約書への署名捺印の有無。

○福祉サービス等の利用援助

　本人が福祉サービスを受けるに当たって，必要となる援助について確認をします。

　介護保険を実際に利用するためには，ケアマネジャー等が作成したケアプラン内容を確認し，契約を締結する必要があります。

●確認例

　　(ⅰ)　介護保険制度利用のためのケアプランの確認。

　　(ⅱ)　特別養護老人ホーム入所中のケアプラン及び栄養ケア計画書の確認。

○金銭管理

　現在の法制では，本人は，日用品の購入その他日常生活に関する取引きを自らすることができます（民法9条ただし書）。

　そこで，本人が所持している現金の額を確認する必要があります。また，本人が施設等に入所していて，現金を所持しておらず，施設側に預託してある場合には，残高を確認したり，不足分を補充することが必要になります。

●確認例

　　(ⅰ)　本人宅訪問時に，所持している金銭を確認し，必要に応じて補充する。

　　(ⅱ)　施設に預託している金銭の残高を確認したり，不足分を補充する。

　以上のように聴取した本人の状況は，一覧性のあるシートにまとめて記載しておくと便利です（次頁資料（成年後見制度利用本人情報シート）参照）。

資 料

成年後見制度利用本人情報シート

基本情報	氏名		〘家族構成〙
	年齢		
	性別		
手帳等の情報	身体障害者手帳	有 ・ 無	
	療育手帳	有 ・ 無	
	精神障害者保健福祉手帳	有 ・ 無	
	障害程度区分	有 ・ 無	
	介護保険要介護度	有 ・ 無	
生活の状況	居所	在宅・入所・入院	
	判断能力		
	日常生活の状況		
	利用サービス		
資産の状況	年金の受給	有 ・ 無	
	収入	有 ・ 無	
	資産	有 ・ 無	
必要と考えられる援助	財産管理		
	身上監護		
	福祉サービス等の利用援助		
	金銭管理		
支援経過			
支援課題			

※茅ヶ崎市成年後見支援ネットワーク連絡協議会で使用している様式

8　診断書の作成依頼

　家庭裁判所に後見等開始の審判の申立てをする場合には，医師が作成した診断書を提出する必要があります。そこで，相談者に家庭裁判所が用意している診断書様式一式を渡し，医師に作成の依頼をするよう伝えます。

具体的事例42

《施設に入所している方の事例》

　Nさんは，90代の女性。

　法定後見制度の利用に向けた検討をすることになりました。主治医に診断書を作成してもらう必要があるのですが，本人は長年施設に入所しており，親族から施設を通じて依頼してもらうことになりました。

具体的事例43

《医師の診療を受けていない方の事例》

　Sさんは，70代の男性。

　今まで特に通院や入院の経験がありません。親族が地元の区役所に相談したところ，病院を紹介されましたので，本人を連れて受診し，診断書の作成を依頼しました。

9　本人を取り巻く人々の確認

　成年後見制度を利用する際には，本人を取り巻く人々を確認しておく必要があります。その確認に当たっては，以下の点に留意することが肝要です。

(1)　キーパーソンは誰か

　本人を取り巻く人々の中で，本人が一番信頼しているのは誰かを確認します。キーパーソンとなる方は，後見人等がその職務に就いた後に，本人と打ち解けやすくなる上で重要な役割を果たします。

　必ずしも親族がキーパーソンであるとは限りません。医師，看護師，ヘルパー，施設職員など，日頃から深く関わっている方のほか，毎月プロパンガスの交換に

来ているガス屋さんという事例もあるのです。

(2) 申立人がキーパーソンとは限らない

申立人となった親族がキーパーソンとは限りませんので，しっかりと聴き取りや確認をしなければなりません。

具体的事例44

《申立人と本人の間の関係についての事例》

　Pさんは，70代の女性。

　今回，長女が申立人となり，後見開始の審判の申立てをすることとなりました。

　申立てに向けて，いろいろと話を聞いていったところ，日頃，本人と同居し世話をしているのが次女であることが判明しました。実際には，本人は長女を嫌っていることが明らかになったのです。

(3) 親族間の申立ての競合

長男が法定後見の申立てを行ったところ，次男も同様に申立てを行い，双方の申立てが競合することもあります。こうした場合，家庭裁判所は中立の立場を取り判断をすることはありません。そこで，家庭裁判所に家族関係の円満調整の調停を申し立てるなどして，法定後見の申立人間で解決をすることになります。

10 適正な制度利用にするために

(1) 不適正な利用を認めない

前にも述べましたが，利用目的の聴き取りの結果，成年後見制度を利用することが不適正な利用であると考える場合には，相談者にその旨を伝えて，以降の相談を受けるべきではありません。

後見人等が本人の財産を侵害する事案が頻発していることをきちんと認識し，毅然とした態度で臨まなければならないのです。

(2) 相談者の急ぐという言葉に踊らされない

相談者によっては，すぐに後見人等の選任や任意後見契約の締結ができるようにしてほしいと要求してくる方もあります。その場合には，後見等開始の審判がされるまで，又は公正証書で任意後見契約を結ぶまでに，通常必要な期間を要することを伝え，理解していただく必要があります。

具体的事例45

《家のリフォームのため，すぐに法定後見制度を利用したいという事例》

相談者のＬさんは，認知症の父親の自宅を改築し，二世帯住宅にすることにしました。既に建築業者とは契約を終えており，１か月後からの工事開始を予定しています。工事費用は，自身の持ち家を売却した金銭と，父親の自宅と土地に抵当権を設定して銀行から借り入れた金銭を利用するつもりです。

父親は認知症であるため，家庭裁判所からＬさんを後見人に選任してもらい，Ｌさんが父親の代理人として銀行と契約する必要があるのですが，工事の予定が切迫しているため，すぐに家庭裁判所の審判が受けられるようにしてほしいと要請してきました。

申立てから利用できるまでにかかる期間を伝えます

家庭裁判所に後見等開始の審判の申立てをしてから，その審判がされるまでには，通常２～３か月程度の期間を要します。任意後見契約の場合でも，本人の確認等が済むまで，少なくとも１か月程度の期間が必要です。

具体的事例46

《虐待を受けている認知症高齢者の預かり財産についての事例》

○○市は，認知症高齢者のＩさんを虐待していた息子から，Ｉさんの預貯金通帳や現金を預かっています。今回，○○市長は，家庭裁判所にＩさんについて後見開始の審判の申立てを行い，後見人候補者として地元の行政書士を推薦しました。

○○市から，Ｉさんについて後見開始の審判の申立てをしたので，後見人候補者である行政書士に預かっているＩさんの財産を渡したいと伝えてきました。

> **財産管理は，後見開始の審判あるいは任意後見契約の締結後に開始**
> Ｉさんについて後見開始の審判がされ，後見人が選任されるまでは，○○市がＩさんの財産を預かるべきです。後見人候補者である行政書士も，受け取るべきではありません。任意後見契約を締結する場合も，契約がきちんと結ばれるまでは，任意後見受任者となる人に預けてはいけません。

(3) 適正手続を厳守すること

家庭裁判所に後見等開始の審判の申立てをする手続も，任意後見契約を締結する手続も，それぞれ法令で定められています。これらの手続はきちんと守られなければならず，勝手にこれを省略すると，成年後見制度が利用できないことになります。

具体的事例47

《申立人が，病気入院のため家庭裁判所に出向けない事例》

Ｗさんは，弟について後見開始の審判の申立てをするため，あらかじめ日時を打ち合わせた上で，弟とともに，家庭裁判所に出向くことになっていました。ところが，申立てを３日後に控え，体調不良で入院することになりました。そこで，止むを得ず，自分の息子に，弟と同道して，申立書を持参してもらうことにしました。

> **丁寧な対応が家庭裁判所の心証を良くします**
> 申立書は，申立人が持参するのが通常です。しかしながら，何らかの事情で申立人が家庭裁判所に出向くことができない場合には，事前に家庭裁判所に別の者が使者として持参する旨を伝えておくのが望ましいでしょう。

第4章
成年後見制度利用までの流れ

　本書では，相談を受けてから，実際の利用手続に入るまでに生ずる問題について解説することを目的にしています。そこで，後見等開始の審判の申立手続や任意後見契約書作成の詳細については，他に譲りたいと思います。

　しかしながら，相談に応ずるためには，制度の全体像を知っておく必要があることは当然ですので，本章では，後見人等による事務が開始されるまでの手続の一般的な流れを見ておくことにします。

I　法定後見制度の場合

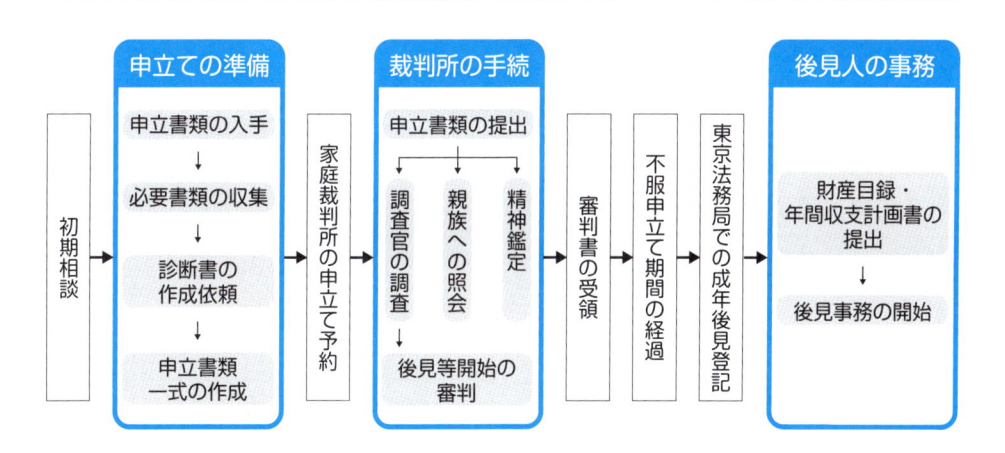

初期相談 → 【申立ての準備】申立書類の入手 → 必要書類の収集 → 診断書の作成依頼 → 申立書類一式の作成 → 家庭裁判所の申立予約 → 【裁判所の手続】申立書類の提出 → 調査官の調査／親族への照会／精神鑑定 → 後見等開始の審判 → 審判書の受領 → 不服申立て期間の経過 → 東京法務局での成年後見登記 → 【後見人の事務】財産目録・年間収支計画書の提出 → 後見事務の開始

1　初期相談

　親族等が，本人の住所地を管轄する家庭裁判所に相談に行きます。

　家庭裁判所では少年に関する事件のほか，相続や離婚等の家族問題に関わる事案を扱っています。初期相談は，家庭裁判所がそれぞれの相談の内容を聴き取り，解決に向けて裁判所で行うことができる方法や，必要な手続についてアドバイスをするものです。

もちろん，家庭裁判所の相談を経ずに，直接専門職に相談に来られる方もいらっしゃいます。

2 申立書類の入手

初期相談を受けると，家庭裁判所から申立書類一式が渡されます。家庭裁判所では，相談を受けずに書類だけを希望者に渡すという取扱いは原則として行っておりません。

また，インターネットを利用して，各家庭裁判所のHPから申立書類を入手することも可能ですが，申立ての附票や診断書の書式等は家裁判所ごとに違いがあります。実際の申立てに用いる書類が管轄家庭裁判所の書式と異なっている場合，修正をしてから提出するよう指示されることがあり，そのために，手続の進行に遅れることがありますので，注意が必要です。

3 必要書類の収集

申立書類と併せて家庭裁判所に提出すべきものとされている書類を収集します。

必要書類には，本籍地あるいは住民登録地の市区町村役場で取得するものと，その他のものがあります。

● 市町村役場から取り寄せる書類（3か月以内のもの）

申立人の戸籍謄本	本籍地の市区町村役場
本人の戸籍謄本	本籍地の市区町村役場 申立人と同一戸籍の場合，不要
後見人等候補者の戸籍謄本	本籍地の市区町村役場
本人の住民票若しくは戸籍の附票	住民登録地の市区町村役場 戸籍の附票の場合，本籍地
後見人等候補者の住民票若しくは戸籍の附票	住民登録地の市区町村役場 戸籍の附票の場合，本籍地

● その他の資料

登記されていないことの証明書（本人の分）	東京法務局及び道府県所在地所在の地方法務局で発行 郵送申請の場合，東京法務局のみ

療育手帳のコピー（※1）	本人が知的障がい者の場合
親族関係図（戸籍謄本等）	二親等内の親族まで（推定相続人）代襲相続があれば三親等まで
遺産に関する資料（※2）	遺産目録，相続人関係図

（※1） 精神障害者保健福祉手帳，身体障害者手帳，介護保険証のコピーが求められることもあります。

（※2） 後見等開始後，遺産分割協議を行う予定がある場合に必要です。

4 診断書の作成依頼

後見等開始の審判の申立ての際には，本人の判断能力の状況についての医師作成の診断書を提出する必要があります。診断書の書式は，家庭裁判所ごとに定められたものを使用します。

そして，診断書の記載内容によって，申立てをする類型が決定します。

● 法定後見制度の類型

後見の概要	後見の対象者は，「精神上の障害により**事理を弁識する能力を欠く常況**にある者」（民法7条）です。 ※**事理弁識能力 ⇒ 判断能力** これは，自己の財産を管理・処分できない程度に判断能力が欠けている者，すなわち，日常的に必要な買い物も自分ではできず誰かに代わってやってもらう必要がある程度の者です。
保佐の概要	保佐の対象者は，「精神上の障害により**事理を弁識する能力が著しく不十分**である者」（民法11条）です。 これは，判断能力が著しく不十分で，自己の財産を管理・処分するには，常に援助が必要な程度の者，すなわち，日常的に必要な買い物程度は単独でできますが，不動産，自動車の売買や自宅の増改築，金銭の貸し借り等，重要な財産行為は自分ではできない程度の判断能力の者のことです。
補助の概要	補助の対象者は，「精神上の障害により**事理を弁識する能力が不十分**である者」（民法15条1項）です。 これは，判断能力が不十分で，自己の財産を管理・処分するには，援助が必要な場合があるという程度の者，すなわち，重要な財産行為は，自分でできるかもしれないが，できるかどうか危ぐがあるので，本人の利益のためには誰かに代わってやってもらった方がよい程度の判断能力の者のことです。

（「成年後見制度における診断書作成の手引」最高裁判所事務総局家庭局より）

診断書は，かかりつけの病院がある場合には，主治医に作成の依頼をしますが，新たに受診する病院は，一回の受診で作成してもらうことは難しく，何度か診察を受ける必要があります。

　診断書の書式は，申立書類一式の中にあります。診断書の作成を依頼するとき，診断書の附票も併せて渡します。診断書の附票には，精神鑑定を引き受けることの可否，費用，期間について記載していただくことになります。

　主治医に精神鑑定を引き受けてもらえない場合には，家庭裁判所が改めて医師を探すことになり，多くの時間を要することになってしまいます。そこで，鑑定についての趣旨をしっかりと説明し，鑑定をお引き受けいただけるようにお願いをしなければなりません。

※医師が診断書の作成をしてくれない場合

　医師によっては，診断書の作成を拒否する方もいます。

　その理由は，

　①成年後見関係の診断書は作成しないという病院の方針

　②診断書を作成すると裁判所に呼び出されるという誤解

などによるものです。

　①の場合には市町村の福祉担当課等に相談をし，医師の紹介を受ける

　②の場合には，法定後見制度の審判は書面審理であって，裁判所に呼び出されることはないということを説明することによって，解決を図ることになります。

※親族の反対により診断書の作成ができない場合

　この場合，申立書類がそろわないことになりますし，そもそも申立ての類型（後見・保佐・補助のいずれか）が決定できないことになります。

　こうした場合，まずは家庭裁判所の後見係に相談し，指示を受けることが必要です。一般的には，「家族関係の調整」の調停を申し立て，解決を図ることになります。

> **精神鑑定についての誤解**
>
> 医師に対して精神鑑定を引き受けてくれるかどうかについての意向を聞いたときに分かるのですが，医師によっては，「精神鑑定をした医師は，法廷に呼ばれて意見聴取をされる」と誤解をされている方も少なくありません。その際には，書面審理であるため，裁判所に呼び出されたりすることはないということをお伝えする必要があります。

5 申立書類一式の作成

(1) 申立書の作成

申立書の作成を行います。法定後見の類型ごとに，検討すべき事項が異なります。

「後見」類型の場合，後見人は法定代理人となり，民法の定めにより広範な代理権と取消権を持つことになります。したがって，後見開始の審判を申し立てることで足ります。

「保佐」類型の場合，保佐人は，民法13条1項に定められた行為について同意権・取消権を有するとされています。

● **保佐人の同意を要する行為等**（民法13条1項）

> 第13条　被保佐人が次に掲げる行為をするには，その保佐人の同意を得なければならない。ただし，<u>第9条ただし書に規定する行為</u>については，この限りでない。
>
> ⇩
>
> 　　　　　日用品の購入その他日常生活に関する行為
>
> 1．元本を領収し，又は利用すること。
> 2．借財又は保証をすること。
> 3．不動産その他重要な財産に関する権利の得喪を目的とする行為をすること。
> 4．訴訟行為をすること。
> 5．贈与，和解又は仲裁合意（仲裁法（平成15年法律第138号）第2条第1項に規定する仲裁合意をいう。）をすること。
> 6．相続の承認若しくは放棄又は遺産の分割をすること。

> 7．贈与の申込みを拒絶し，遺贈を放棄し，負担付贈与の申込みを承諾し，又は負担付遺贈を承認すること。
> 8．新築，改築，増築又は大修繕をすること。
> 9．第602条に定める期間を超える賃貸借をすること。
>
> （2項：省略）

　保佐人に対し，本人の判断能力の状況から，上記以外の行為について同意権・取消権を行使させるためには同意権付与の審判を，代理権を行使させるためには代理権付与の審判を，併せて申し立てることが必要となります。この場合には，どのような行為について，どの範囲で（例えば，10万円以上の買物など）同意権・代理権を付与することとするか検討しなければなりません。

　「補助」類型の場合，補助開始の審判の申立て時に，特定の行為について，補助人に同意権を付与する旨の審判（民法17条1項），又は補助人に代理権を付与する旨の審判（民法876条の9第1項）を同時に申し立てることが必要です。

　なお，補助人に同意権を付与することができる行為は，民法13条1項に規定されている行為の一部に限られていますので，その範囲でいずれの行為にするか検討します。代理権を付与する行為については制限がありませんが，その必要性・相当性を慎重に検討します。

　申立書中の「申立ての実情」については，家庭裁判所の申立て時に聴取される内容ですので，以下のような事情を記入しておくとよいでしょう。

① 本人と申立人との関係

　申立人の本人との続柄を記載します。本人の親子，兄弟姉妹等であることを明記しておきます。

② 本人の現在までの状況

　認知症や精神障がい等であれば発症から現在までの状況，知的障がい者であれば認定を受けてから現在までの状況を記載します。

＜記載例＞

　本人○○○○○は，平成12年頃から認知症を発症していたようであるが，申立

人や本人の兄弟姉妹がその事実に気が付いたのは，平成15年10月頃である。申立人や本人の兄弟姉妹は，本人の夫である○○○○○から医師の診断等を受けるよう強く勧めたが，それに対し抵抗を示し遠ざけられてしまった。同時期より訪問をしていたヘルパーの記録によると，物忘れや家事全般に支障が起こっていたようである。

③ 本人の現在の心身状況

介護保険の要介護度や，食事，入浴，排泄，移動等のADL（日常生活動作又は日常生活活動）の状況，判断能力の状況等について記載します。

＜記載例＞

介護保険制度における介護度は3で，食事は一部介助で全粥・刻み食，排泄は紙おむつで失禁があるため一日に数回交換をしている。入浴・更衣は介助が必要，移動は車椅子を使用している。

④ 本人の入院・入所先（入院・入所中である場合）

入所中の施設，入院中の病院を記載します。

⑤ 本人の財産状況

預貯金のほか，有価証券や不動産を所有していれば，その旨等，本人の財産状況について記載します。

⑥ 本人の収支状況

年金収入（年金の種別→障害年金，労災年金等もある。），不動産等の資産からの収入があればその状況について記載します。

＜記載例＞

(ⅰ) 収入は国民年金及び遺族厚生年金で，貯蓄額は少ない。
(ⅱ) 収入は厚生年金等で，多額の貯蓄もある。その他の財産は，自宅土地及び自宅建物である。

(ⅲ) 収入は国民年金のみであるが，貯蓄はある。また，自宅隣接の住居を賃貸し，不動産収入がある。

⑦ 後見人等を必要とする理由

財産管理，身上監護，相続等手続の実施，本人の資産の処分など後見人等の選任を必要とする理由を具体的に記載します。

＜記載例＞

(ⅰ) 本人の財産管理，入院・入所費等の支払，自宅土地建物の管理等が必要である。また，昨年死亡した兄の相続手続も行う必要がある。

(ⅱ) 本人の財産管理，入院費等の支払，亡妻の遺産の相続等の必要がある。また，住居の付属家屋を賃貸しているが，その家賃が１年近く未納であるため，賃借人との交渉，住居の管理等の必要もある。

⑧ 後見人候補者について

上記①から⑦の後見事務を行うのにふさわしい候補者である旨を記載します。
また，第三者を候補者とする場合には，その方を選んだ理由も記載しておくとよいでしょう。

＜記載例＞

申立人は，本人がおい・めいと疎遠であるため，後見人に，本人の財産管理や入院・入所費の支払，自宅土地建物の管理，亡弟の相続手続等及び申立人がこれまでに立て替えてきた医療費，公租公課等の精算を依頼したい。

よって，この申立てを行う。

後見人には，本人入院先○○○病院の医療相談員より紹介のあった，行政書士○○○○を選任してもらいたい。

なお，申立ての実情として，上述のような内容を記載するためには，申立書の記入欄では不足しますので，別紙に記入して添付しておくとよいでしょう。

(2) 申立書の附票の作成

家庭裁判所によって形式や種類が異なりますので，申立てを行う家庭裁判所の書式に従って，附票を作成します。

昨今後見人等による不正事件が多発していることから，後見人候補者については，収支状況や財産状況及び負債の有無等について，以前より詳細に記載する必要があります。

申立書の附票の実例

札幌家裁 → 申立書附票，後見人等候補者身上書

東京家裁 → 申立事情説明書

名古屋家裁 → 本人関する照会書，候補者に関する照会書

(3) 財産目録の作成

本人の全財産と定期的な収支について記入します。

具体的には，財産として，①不動産（土地・建物），②預貯金・現金・投資信託・株式等，③生命保険・損害保険等，④負債などを掲げます。

また，定期的な収入として，①年金（国民年金，厚生年金，共済年金，障害年金，労災年金等の公的年金のほか，保険会社の年金保険も含む。），②給与，③不動産賃料などを記入します。

定期的な支出として，①入院入所費，②医療費，③健康保険料，④介護保険料，⑤住民税，⑥固定資産税，⑦家賃・地代，⑧光熱水費などについて，漏れなく記入する必要があります。

上記のものについては，通帳や領収証のコピーなど，証明する資料の添付が必要となります。

なお，後期高齢者医療保険料と介護保険料については，年金から天引きされている分と，直接支払っている分の仕分けが必要です。

具体的事例48

《通帳等が見つからなくて困ってしまった事例》

Ｉさんは，90代の女性。

夫とは死別し，子供はいません。

脳梗塞のため入院した後，認知症を発症しました。Ｉさんの預金通帳等は，親族が本人の自宅を探したのですが，結局見つけることができませんでした。

今回，後見開始の審判の申立てのために財産目録を作成する必要があるのですが，どうしたらよいのでしょうか。

> **取引きに関する郵便物等から探っていきます**
>
> 通帳が見つからないということは，どの金融機関と取引きがあるのかも分からない状態であるということです。心当たりのある近隣の金融機関を回って確認することができればよいのですが，個人情報保護の観点から教えてもらえないことが多いのです。そもそも近隣の金融機関との取引きはないということも考えられます。
>
> こうした場合，本人宛に届いている金融機関からの通知書の内容を確認することが事務管理として許されることが多いといってよいでしょう。通常は，本人の意思に反せず，後見人等による支援が可能になれば，本人の利益にもなると考えられるからです。本人が金融機関に対し通知書の送付を希望しない旨の意思表示をしている場合には，通知書自体が届いていない可能性もあります。
>
> なお，金融機関等の協力を得られない場合には，財産目録には金融機関名のみを記載することになります。

(4) 親族関係図の作成

本人とその推定相続人等と親族関係が一目で分かる図表（親族関係図）を作成します。本人の身近な方ばかりであれば問題はありませんが，親族でも，日頃本人との付き合いがない人もいますので，親族関係をきちんと確認するためには，戸籍謄本等を収集する必要があります。

具体的事例49

《知らなかった兄弟姉妹がいたのが分かったケース》

　Ｙさんは，80代の男性。妻子とは死別しています。

　自宅で倒れているところを発見され，病院に入院しましたが，急激に認知症の症状が進んでしまいました。

　病院からは，そろそろ退院して施設入所するよう勧められますが，親族は，おい・めいのみのため，家庭裁判所に申立てをして，成年後見人を選任してもらうことになりました。

　おいが申立てをすることになりましたが，申立書類に添付する親族関係図の作成については，戸籍謄本などを集めることが大変そうなので，専門家に依頼しました。その際，おいは，おじであるＹさんの親や兄弟については，知っている範囲で伝えました。

生後間もなく亡くなった方も少なくありません

　依頼を受けた専門家が戸籍調べを行ったところ，Ｙさんには，おいから聞いていなかった兄弟姉妹がいることが判明しました。また，三男と四男の順番が違っていることも分かりました。

　なお，古い戸籍を調べていますと，出生後，間もなく亡くなられた方が多く見受けられます。現代とは医療水準や保健衛生状況が異なることによるものと思われます。このため，本人の子や兄弟姉妹で，生まれてすぐに亡くなった方がいることがありますので，漏れのないように調べなければなりません。

　また，戦前の「家」制度の下で，家督相続や分家，「家」を守るための養子縁組が行われていることも多く見られますので，注意が必要です。

　次頁のチェックシートは，あくまで，東京家庭裁判所の見本です（Ａ４判）。各家庭裁判所より体裁は異なります。

資料

成年後見申立て必要書類チェックシート

(東京家庭裁判所本庁・立川支部)

- □ 親族関係図
- □ 申立書
- □ 本人の診断書及び附票(知的障害者の場合 □愛の手帳のコピー)
- □ 本人の戸籍謄本
- □ 本人の住民票
- □ 本人の登記されていないことの証明書
- □ 後見人等候補者の戸籍謄本
- □ 後見人等候補者の住民票
- □ 申立事情説明書
- □ 同意書(本人の配偶者及び子。子がいない場合は,本人のきょうだいなどの推定相続人。複数の場合は,コピーして使用してください。)
- □ 後見人等候補者事情説明書
- □ 本人の財産目録
- □ 本人の収支状況報告書
- □ 本人の財産目録及び収支状況報告書に関する資料
  - □不動産の全部事項証明書
  - □預貯金通帳や証書のコピー
  - □負債に関する資料のコピー
  - □収入に関する資料のコピー
  - □支出に関する資料のコピー
- □ 委任状(代理人弁護士が付いてる場合)
- □ (その他)

【申立書及び添付書類以外に必要なもの】
- □ 収入印紙3,400円分 (①申立費用800円,②登記費用2,600円
  (内訳①400円×2枚,②1,000円×2枚,300円×2枚)
  (保佐・補助開始事件に付随して代理権付与事件等を申し立てる場合には事件ごとに収入印紙800円分が必要)
- □ 郵便切手4,300円分
  (内訳500円×4枚,100円×5枚,80円×20枚,10円×20枚)

(各家庭裁判所より金額は異なります。)

※ 鑑定費用は,お手元で保管しておいてください。鑑定を行う場合は,納付用紙をお渡ししますので,会計窓口で納めていただきます。
◎ 印鑑を忘れずにご持参ください(認印で構いません。)。

6 家庭裁判所の申立て予約

申立書類及び添付書類の準備ができたら，管轄の家庭裁判所に申立て予約を行います。

予約時には，家庭裁判所の書記官から，①申立人の連絡先，②申立ての類型等（本人について聴き取りされることもあります。），③後見人候補者，④申立て当日に家庭裁判所を訪問する人数などについて聞かれますので，手元に申立書類を用意しておきます。

管轄の家庭裁判所とは？

本人が，施設入所や入院中のため，住所ではなく，居所にいることもあります。両方の場所が離れている場合には，どちらの場所を管轄する家庭裁判所に申立てをすべきか悩むところです。

家事事件手続法（全面改正による廃止前の家事審判法及び家事審判規則）では，次のように定められています。

家事事件手続法117条（家事審判規則22条）では，まず，後見開始の審判事件は，成年被後見人となるべき者の住所地を管轄する家庭裁判所の管轄に属すると規定されています。

同様に，家事事件手続法128条・136条（家事審判規則29条，30条の7）では，それぞれ，保佐開始の審判及び，補助開始の審判についても，事件本人の住所地を管轄する家庭裁判所の管轄に属すると規定しています。

なお，後見開始等の審判以外の成年後見等に関する審判（いわゆる付随事件及び監督事件における審判）の管轄は，家事審判法では被後見人等の住所地の家庭裁判所の管轄とされていました（家事審判規則22条，29条，30条の7）が，家事事件手続法では，後見開始等の審判をした家庭裁判所に変更しています。これにより，被後見人等が後見開始等の審判がされた後に住所を移転しても，同人に係る成年後見等に関する審判（特別代理人の選任，居住用不動産の処分の許可，後見人等の報酬の付与の審判など）の管轄は変わらないことになります（家事事件手続法117条2項，128条2項，136条2項）。

7　申立書類の提出

　申立書類一式，添付書類郵便切手，収入印紙等を提出します。郵便切手，収入印紙等は，券種と枚数が定められていますので，そのとおりに準備して持参します。

　提出後，書記官が書類のチェックを行います。その後，調査官あるいは参与員による事情聴取を受けます（家庭裁判所によっては，後日呼出しとなる場合もあります。）。

　事情聴取後，精神鑑定が行われる場合には，鑑定費用を納めます（家庭裁判所によっては，後日振込用紙が送付されてくる場合もあります）。

8　調査官の調査

　申立て当日に本人を同行しない場合には，調査官が後日，本人に面会し，調査を行います。調査官は，自宅だけでなく，施設や病院を訪問することもあります。本人と面会して，その状況や意向を確認するためです。

　なお，本人が意思疎通のできない状態にあることが，提出された医師の診断書及び申立人の話からも明らかな場合には，調査は省略されます。

9　親族への照会

　親族関係図によって判明した推定相続人に対して，①後見（保佐・補助）開始の審判をすること，②本人の成年後見人等に候補者が就職することに同意するかについて，文書で照会が行われます。

　また，申立書の附票中に，申立てについての親族の諾否が記されている場合には，その意向の詳細について問われることもあります。

　なお，申立て時に，推定相続人の同意書の提出を求める家庭裁判所もあります。

10　精神鑑定

　本人が，植物状態あるいはこれに準ずる状態にある場合を除いて，精神鑑定が行われます。診断書の内容から，意思疎通が困難であることが明確である場合には，省略されることもあります。この場合，数日で審判が出ることもあります。

　診断書の記載内容と申立人の陳述内容が異なる場合には，調査官による本人調

査が行われます。その結果，必要に応じて，精神鑑定が実施されます。

具体的事例50

《診断書の記載内容と申立人の陳述内容が異なってしまったケース》

　Hさんは，70代の男性。結婚歴がなく，子供はいません。

　病院に入院中ですが，財産管理や入院費の支払のために，家庭裁判所に申立てをして成年後見人を選任してもらうことになりました。

　医師作成の診断書では，「言語による意思疎通ができない」，「身体動作による意思疎通ができない」とされています。一方，申立人となった弟は，申立て時の聴き取りで，会話はできるし意思が通じるとの説明をしました。

　家庭裁判所としては，本人の判断能力が確認できませんので，精神鑑定を実施することとなりました。

11　後見等開始の審判

　申立書類及び添付書類，精神鑑定書の内容に基づいて，①後見（保佐・補助）開始の審判，及び②後見（保佐・補助）人が選任されます。

　後見人等の選任に当たっては，

①本人の心身の状態並びに生活及び財産の状況

②後見人等候補者の適格性

　→候補者の職業及び経歴のほか，現在の健康状態，経済状況（収入，財産，負債等），破産宣告を受けているか等。

③後見人等候補者と本人との利害関係の有無

　→裁判の原告・被告の関係にあるか，金銭の貸借関係があるか等。

④本人の意見など

を踏まえて，総合的な判断によって選任します。そのために，候補者がそのまま選任されるとは限りません。

　なお，後見（保佐・補助）開始の審判は，書面審理で行われるため，テレビドラマで見られるような法廷に出向くことはありません。

12 審判書の受領

後見人（保佐人・補助人），申立人及び本人に，家庭裁判所から，審判書が特別送達で郵送されます。

> **特別送達とは？**
> 裁判所書記官や公証人等が職務上送付すべき書類を送付し，その事実を証明する特別な郵便の取扱いをいいます。

13 不服申立て期間の経過

後見等開始の審判に対する不服申立ての期間は，当該審判書の送達があった時から2週間です。この期間が経過すれば，審判が確定します。
(家事審判法14条（家事事件手続法85条1項・86条1項柱書き）「審判に対しては，最高裁判所の定めるところにより，即時抗告のみをすることができる。その期間は，これを2週間とする。」)

14 東京法務局での成年後見登記

審判の確定後，家庭裁判所の職権で，東京法務局に成年後見登記が嘱託されます。

成年後見登記がなされると，法務局において登記事項証明書の発行を受けることができるようになります。登記事項証明書は，東京法務局のほか，その他の各法務局及び各地方法務局で交付を受けることができます。

> **成年後見登記とは？**
> 後見等開始の審判がされた事案又は任意後見契約が締結された事案ごとに，関係者の氏名・住所，保佐人や補助人の同意権・代理権の範囲，委任後見受任者や任意後見人の代理権の範囲等の事項を公簿（登記簿）に記録し，これを登記事項証明書の交付によって公示する制度です（ただし，この交付を請求できる者は，極めて限定されています。）。

従来は，禁治産・準禁治産宣告が確定した場合は，その事実が公告され，併せて本人の戸籍にその旨の記載がされていましたが，成年後見登記の制度の創設により，公告の制度は廃止され，戸籍への記載に代えて特別の登記簿に，所定事項が記録されるようになりました。

15　財産目録・年間収支計画書の提出

　後見（保佐・補助）人は，選任の審判が確定した時点で，その職務に就任します。そして，就任してからおおむね1か月以内に，本人の財産の目録と本人についての年間収支計画書（後見事務計画書の場合もあります。）を作成し，家庭裁判所に提出しなければなりません（民法853条1項本文）。提出するまでの間は，急迫の必要のある行為のみ行うことができます（民法854条）。

民法853条1項（財産の調査及び目録の作成）

　　後見人は，遅滞なく被後見人の財産の調査に着手し，1箇月以内に，その調査を終わり，かつ，その目録を作成しなければならない。（以下略）

民法854条（財産の目録の作成前の権限）

　　後見人は，財産の目録の作成を終わるまでは，急迫の必要がある行為のみをする権限を有する。ただし，これをもって善意の第三者に対抗することができない。

16　後見事務の開始

本人の財産管理と身上監護を開始します。

財産管理と身上監護については，65頁・66頁に記載のとおりです。

Ⅱ　任意後見制度の場合

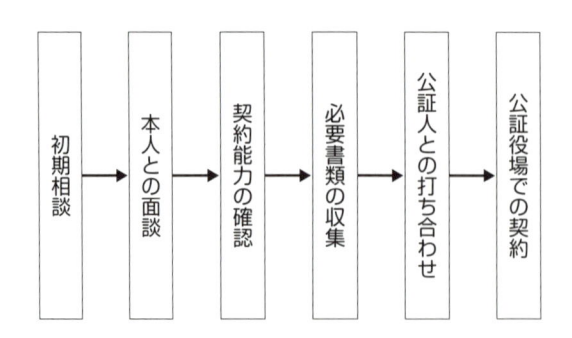

初期相談 → 本人との面談 → 契約能力の確認 → 必要書類の収集 → 公証人との打ち合わせ → 公証役場での契約

1　初期相談

任意後見制度の利用を希望している方からの相談を受けます。

本人のほか，親族，病院や施設等からの相談があります。

2　本人との面談

本人との面談し，意向の確認をします。

(1) 任意後見受任者を誰にするのか

①親族か第三者（専門職後見人）か

　家族は信用できないので，友達に頼むという方も少なくありません。ただ，本人が健康である間はいいのですが，いざという時には友達は頼りにならないものだと考えておいた方がよいと思います。したがって，あまりお勧めしません。

②単独か複数か

　親族と専門職，複数の親族など，複数の方に依頼することも可能です。

(2) 契約の目的（必要とする代理権）は何か

　将来任意後見が必要になったときに，任意後見人に依頼する仕事の内容をあらかじめ決めて，代理権目録に明記しておかなければなりません。書いていない仕事をすることはできませんから，きちんと検討しておく必要があります。

(3) 類型は何にするのか

　任意後見には，契約の方法等によって，3つの類型があります。契約をしようとしている本人の意向を確認の上，いずれを利用するのかを決定します。

任意後見契約の3つの類型

「即効型」

　本人の判断能力が若干低下しているが，まだ意思能力はあるという段階で任意後見契約を締結し，直ちに家庭裁判所に任意後見監督人選任の申立てをして，同契約を発効させるというタイプです。

　即効型という名称のイメージから，契約すればすぐに利用できるという印象があるかもしれませんが，任意後見契約を発効させるには，家庭裁判所に申立てをして任意後見監督人を選任してもらう必要があります。通常は，任意後見受任者が申立てを行いますが，任意後見監督人の選任には，2～3か月を要します。

　また，即効型では，既に本人の判断能力が低下している状態で契約を行い，時間を置かずに任意後見監督人選任の申立てをするため，契約そのものが有効かどうか（すなわち，本人に意思能力があったかどうか）が往々にして問題となることがあります。

「将来型」

　本人が十分な判断能力を持っている間に任意後見契約を締結し，その後，本人の判断能力が不十分となった時点で，家庭裁判所に申立てをし，任意後見監督人を選任してもらって，契約を発効させるタイプです。

　このタイプでは，任意後見監督人選任まで2～3か月を要することで，その間の委任者の保護に不安があることや，契約から選任審判申立てまでの期間に，委任者と受任者の関係がこじれたり疎遠になってしまうことで，選任させることができない状態に陥るおそれがあります。

「移行型」

　認知症などによる判断能力の低下が発生するまでの間に，本人の財産管理等を行う事務委任契約（委任契約，委任代理契約等）と，任意後見契約を

> セットにして契約します。

3　任意後見契約の具体例（移行型）

　移行型の任意後見契約は，通常，任意後見契約とそれが発効する前の「生前事務の委任契約」及び任意後見契約が本人の死亡により終了した後の「死後事務の委任契約」がセットになっています。その具体的な内容は次のとおりです。

　なお，これらの契約は，いずれも民法の「委任契約」の１つの類型です。

《 生前及び死後の事務委任契約並びに任意後見契約公正証書 》
第１章　生前の事務委任契約

（契約の趣旨）
第１条　委任者○○○○（甲）は平成○○年○月○日，受任者○○○○（乙）に対し甲の生活，療養看護及び財産管理に関する事務を委任し乙は受任する。

解説
　生前の事務委任契約は，任意後見契約が発効する前の事務に関する契約です。この契約には，近時成年後見人の中心業務とみられつつある「療養看護」に関する事務が，財産管理に関する事務とともに委任事務とされています。なお，この契約の受任者は，任意後見契約上は「任意後見受任者」と呼びます。

（任意後見契約との関係）
第２条　本契約の締結後に甲が精神上の障がいにより事理を弁識する能力が不十分な状況となり，乙において第２章の任意後見契約による後見事務を行うことを相当と判断したときは，乙は，家庭裁判所に対し任意後見監督人の選任を請求をする。

2　本契約は、第2章の任意後見契約につき任意後見監督人が選任され、もって同契約が効力を生じたときに終了する。

> **解説**　委任者が認知症等の精神上の障がいにより、判断能力が不十分となった場合、任意後見受任者は管轄の家庭裁判所に対し、「任意後見監督人選任の申立て」を行います。生前の事務委任契約は、任意後見監督人が選任されるまで効力を継続しています。このため受任者は、委任者の代理人としての業務を今までどおり行うことができ、委任者の療養看護及び財産管理に空白が生じることがありません。

（委任事務の範囲）
第3条　甲は、乙に対し、別紙委任代理権目録記載の事務を委任し、その事務処理のための代理権を付与する。

> **解説**　委任契約による事務処理の内容は、代理権目録によって具体的に表示されます。
> 　代理権目録は、「任意後見契約に関する法律第3条の規定による証書の様式に関する省令」附録第1号及び第2号様式を参考にして作成するのが実務の通例ですが、これに従わなくても差し支えありません。要は、代理権の範囲が明確にされていればよいのです。

（証書の引渡し等）
第4条　甲は、乙に対し、本件委任事務処理のために必要と認める次の証書等を引き渡す。ただし、甲乙双方の合意により、その引渡しの時期を決定することができる。
　①実印・銀行印、②印鑑登録カード、③預貯金通帳、④年金関係書類、

⑤キャッシュカード，⑥重要な契約証書，⑦保険証書，⑧その他甲乙が合意したもの

2　乙は，前項の証書等の引渡しを受けたときは，預り証を作成して甲に交付する。乙は引渡しを受けた証書等を善良な管理者の注意義務をもって保管し，本件委任事務処理のために使用することができる。

3　乙は本契約の効力発生後に甲以外の者が前項記載の証書等を占有所持しているときは，その者から引渡しを受けて，自ら保管することができる。

> **解説**
> 　委任事務処理のために委任者の財産等の引渡しを受けます。
> 　引渡しを受けた際には，預り証を作成し内容を明記します。そして，財産については「善良な管理者の注意義務」をもって管理する義務があります。この注意義務は，自己の所有物に対すると同一の注意よりも重い程度のもので，民法644条に規定されています。
>
> （受任者の善管注意義務）
> 　民法644条　受任者は，委任の本旨に従い，善良な管理者の注意をもって，委任事務を処理する義務を負う。
>
> 　契約書の3項では，第三者が所持している委任者の財産についても，受任者が引渡しを受ける権利を有することを規定しています。これによって，例えば，親族が財産を預かっている場合等に，その引渡しを受けることにより，財産侵害等が起こることを未然に防ぐことができるのです。

（費用の負担）
第5条　乙が本件委任事務を処理するために必要とする費用は甲の負担とし，乙は，その管理する甲の財産からこれを支出するものとする。
（報　酬）
第6条　甲は，乙に対し，1か月当たり○○，○○○円の委任報酬を毎月末

日限り支払う。また，乙が第4条に基づき財産の引渡しを受けている場合には，乙は，その管理する甲の財産から前記の支払を受けることができる。

解説 委任事務処理の費用と委任報酬は，全く別のものです。前者は受任者がその事務処理に要した費用（委任者との打合せに要した交通費・通信費等）であり，後者は受任者の事務処理という役務に対する対価です。費用については民法649条・650条に定めがあり，委任者が負担するものとされています。これに対して，報酬については民法648条に定めがあり，特約がなければ請求することができないとされていますが，現在の実務では，ほぼ例外なく報酬特約がされています。

（受任者の報酬）

民法648条1項　受任者は，特約がなければ，委任者に対して報酬を請求することができない。

（受任者による費用の前払請求）

民法649条　委任事務を処理するについて費用を要するときは，委任者は，受任者の請求により，その前払をしなければならない。

（受任者による費用等の償還請求等）

民法650条1項　受任者は，委任事務を処理するのに必要と認められる費用を支出したときは，委任者に対し，その費用及び支出の日以後におけるその利息の償還を請求することができる。

委任報酬は，月2回程度の面接をはじめとする療養看護と財産管理の事務処理に対する報酬です。この範囲を超える特別の事務を処理した場合には，別に報酬を受けることができます。その報酬の額は，委任者との合意により定めることになります。

(報　告)

第7条　乙は，甲に対し，乙が第4条に基づき財産の引渡しを受けている場合には，3か月ごとに，本件委任事務処理状況を書面で報告する。

　　2　甲が必要と認めるときは，前項にかかわらず随時報告を求めることができる。

> **解説**
> 　報告すべき事務処理状況としては，①管理している財産の収支状況，②身上監護につき行った措置等が挙げられます。また，収支の状況には，報酬・費用の収受等も含まれます。上記のような報告の約定がなくても，受任者は，民法645条の規定に基づいて委任者に対し報告義務を負います。
>
> 　(受任者による報告)
> 　民法645条　受任者は，委任者の請求があるときは，いつでも委任事務の処理の状況を報告し，委任が終了した後は，遅滞なくその経過及び結果を報告しなければならない。

(契約変更)

第8条　本契約に定める代理権の範囲を変更する契約は，公正証書によって行う。

(解　除)

第9条　甲及び乙は，いつでも本契約を解除することができる。

(契約終了)

第10条　本契約は第2条第2項の場合のほか，次の場合に終了する。

　　1　甲又は乙が破産又は死亡したとき

　　2　乙が後見開始の審判を受けたとき

> **解説**
>
> 「生前事務の委任契約」は通常の委任契約であって，公正証書で作成する必要はありませんが，実務では，同時に締結される任意後見契約と併せて，公正証書で作成される例が多いのです。このため，契約内容の変更が生じたときも，公正証書を作成するものとされるのが通例で，上記の契約例でもそのようになっています。ただし，公正証書の作成にはかなりの費用が掛かりますので，依頼者（委任者）に負担を掛けないために，いったん定めた契約の内容（特に代理権の範囲）を後に変更することがないよう，契約当初に依頼者ときちんとした打合せをしておく必要があります。
>
> 民法651条の規定により，委任契約の解除はいつでも可能です。解除の意思表示は口頭によることも文書によることも可能です。ただし，特約により，任意後見契約と同様に，公証人の認証を受けた書面でしなければならないとすること（任意後見契約に関する法律9条1項）も可能です。
>
> なお，委任の解除の効力は，将来に向かってのみその効力を生ずることとなっています。
>
> （委任の解除）
>
> 民法651条1項　委任は，各当事者がいつでもその解除をすることができる。

第2章　任意後見契約

（契約の趣旨）

第11条　甲は，乙に対し，平成○○年○○月○○日，任意後見契約に関する法律に基づき，精神上の障がいにより事理を弁識する能力が不十分な状況における甲の生活，療養看護及び財産管理に関する事務（以下「後見事務」という。）を委任し，乙はこれを受任する。

（契約の発効）

第12条　前条の契約（以下「本件契約」という。）は，任意後見監督人が選任された時からその効力を生ずる。
2　乙は，本件契約の効力が発生したときは甲の取引銀行に対してその旨を届け出る。
3　乙は，本件契約の効力発生後における甲乙の法律関係は，任意後見契約に関する法律及び本件契約に定めるもののほか，民法の規定に従う。

> **解説**
> 　委任者が複数の任意後見受任者と任意後見契約を締結することも可能です。複数人で同一の事務を処理すべきものとすることもできますし，「療養看護」と「財産管理」を分掌させることもできます。
> 　任意後見契約は，委任者が認知症等の精神上の障がいにより事理弁識（判断）能力が不十分になったときに，家庭裁判所に申立てをして，任意後見監督人を選任してもらうことによって効力を生じます。
> 　任意後見契約が発効した際は，直ちに取引先銀行等にその旨を届け出て，任意後見人の登録等を終える必要があります。

（委任事務の範囲）
第13条　甲は，乙に対し，別紙代理権目録記載の後見事務（以下「本件後見事務」という。）を委任し，その事務処理のための代理権を付与する。

> **解説**
> 　委任代理契約同様，代理権目録で事務処理の内容を定めておきます。本人が認知症等の精神上の障がいによって，事理弁識（判断）能力が不十分になったときに任意後見人にどのような代理権を付与するかを決めるのですから，詳細な打合せの上で決定し，契約しなければなりません。
> 　代理権目録は106頁に示すようなものです。「任意後見契約に関す

る法律第3条の規定による証書の様式に関する省令」附録第1号，第2号様式として示されているものです。

(身上配慮の責務)
第14条　乙は，本件後見事務を処理するに当たっては，甲の意思を尊重し，かつ，その身上に配慮するものとし，事務処理のため，適宜甲と面接し，ヘルパー等日常生活援助者から甲の生活状況について報告を求め，医師等医療関係者から甲の心身状態の説明を受ける等の方法によって，甲の生活状況及び健康状態の把握に努めるものとする。

解説

新たな成年後見制度では，本人の身上監護が重視されています。このため，任意後見契約に関する法律6条では，任意後見人に対し，「本人の意思を尊重し，かつ，その心身の状態及び生活の状況に配慮しなければならない。」旨を定めています。

(本人の意思の尊重等)
任意後見契約に関する法律6条　任意後見人は，第2条第1号に規定する委託に係る事務(以下「任意後見人の事務」という。)を行うに当たっては，本人の意思を尊重し，かつ，その心身の状態及び生活の状況に配慮しなければならない。

そこで，実際の任意後見契約においては，上記の例のように，まず，任意後見人は本人の意思を尊重し，その身上に配慮すべき旨の一般的な義務を定め，その具体的な方法として，本人と適宜面接し，医師やヘルパー等の意見を聴取することにより，本人の心身の状態を確実に把握する措置を執るべきことが約定されるのです。

(証書の保管等)
第15条　甲は，乙に対し，本件後見事務処理のため必要と認める次の証書等

　　　　　を引き渡す。
　　　　　①実印・銀行印，②印鑑登録カード，③預貯金通帳，④年金関係書類，⑤キャッシュカード，⑥重要な契約証書，⑦保険証書，⑧その他甲乙が合意したもの
　　２　乙は，甲から前項の証書等の引渡しを受けたときは，その明細及び保管方法を記載した預り証を作成して甲に交付する。引渡しを受けた証書等は善良な管理者の注意義務をもって保管管理し，本件後見事務処理のために使用することができる。
　　３　乙は，本件契約の効力発生後に甲以外の者が前項記載の証書等を占有所持しているときは，その者から引渡しを受けて，自ら保管することができる。
（費用の負担）
第16条　乙が本件後見事務を処理するために必要な費用は，甲の負担とし，乙は，その管理する甲の財産からこれを支出するものとする。
（報　酬）
第17条　甲は，乙に対し，1か月当たり〇〇，〇〇〇円の報酬を毎月末日限り支払う。乙は，その管理する甲の財産から上記の支払を受けることができる。
　　２　報酬額を変更する契約は，公正証書によって行う。

> **解説**　生前事務の委任契約の場合と同様に，本人財産を渡し受けます。また，費用の負担・報酬についても同様です。なお，報酬額の変更は任意後見契約の変更ですから，公正証書によらなければなりません。

（報　告）
第18条　乙は，任意後見監督人に対し3か月ごとに，本件後見事務に関する次の事項について，書面で報告する。
　(1)　乙の管理する甲財産の管理状況

(2)　甲の身上監護につき行った措置
　　(3)　費用の支出，使用状況
　　(4)　報酬の収受
２　乙は，任意後見監督人の求めがあるときは，前項にかかわらず速やかにその報告をする。

> **解説**　任意後見開始後の報告は，任意後見監督人に対して行います。報告のペースは，３か月程度でよいと思いますが，４か月程度までの伸長は可能と考えます。ただし，任意後見契約に関する法律７条２項の規定により，任意後見監督人の求めがあったときは，いつでも報告する必要があります。
> 　　（任意後見監督人の職務等）
> 　任意後見契約に関する法律７条２項　任意後見監督人は，いつでも，任意後見人に対し任意後見人の事務の報告を求め，又は任意後見人の事務若しくは本人の財産の状況を調査することができる。

（契約解除）
第19条　任意後見監督人の選任がなされる前においては，甲又は乙は，いつでも本件契約を解除することができる。ただし，公証人の認証を受けた書面によって行わなければならない。
２　任意後見監督人の選任がなされた後においては，甲又は乙は，正当な事由があるときは，家庭裁判所の許可を得て，本件契約を解除することができる。

> **解説**　契約解除の要件は，任意後見監督人選任の前後で異なります。この点は，任意後見契約に関する法律９条に規定されています。
> 　　（任意後見契約の解除）

> 任意後見契約に関する法律9条　第4条第1項の規定により任意後見監督人が選任される前においては，本人又は任意後見受任者は，いつでも，公証人の認証を受けた書面によって，任意後見契約を解除することができる。
> 2　第4条第1項の規定により任意後見監督人が選任された後においては，本人又は任意後見人は，正当な事由がある場合に限り，家庭裁判所の許可を得て，任意後見契約を解除することができる。
>
> 任意後見監督人の選任前は，委任者に事理弁識（判断）能力があると考えられますので，いつでも契約の解除が可能です。ただし，解除の意思表示があったことを明確にするため，公証人の認証を受けた書面による必要があります。
>
> 任意後見監督人の選任後は，本人保護を目的とする任意後見契約が効力を生じていますから，任意後見人が自由に解除することを認めるのは，無責任な辞任を許すことになって，好ましくありません。また，本人は認知症等の精神上の障がいによって，事理弁識（判断）能力が衰えている状況にありますから，本人からの解除は，誤った判断の下になされ，自らの利益を害するおそれがあります。このため，正当な事由がある場合に限り，家庭裁判所の許可を得ることを要するとされているのです。

（契約終了）

第20条　本件契約は，次の場合に終了する。

(1)　甲又は乙が死亡又は破産したとき
(2)　乙が後見開始の審判を受けたとき
(3)　甲が後見開始，保佐開始又は補助開始の審判を受けたとき

解説　生前事務の委任契約の終了事由に加え，委任者が後見等開始の審判を受けた場合が追加されています。現行制度では，任意後見と法定

後見を重ねて利用することが認められていません。任意後見契約が既に発効した後であっても，本人について法定後見が開始されれば，同契約は終了します。

　任意後見人には代理権しかなく，同意権・取消権がありません。このため，本人が消費者被害に遭う危険性が，あらかじめ想定される場合には，任意後見受任者，任意後見人又は任意後見監督人の申立てによって，後見開始の審判等を受けることができます（任意後見契約に関する法律10条）。こうしておけば，本人が消費者被害を受けるおそれがある契約を結んだ場合には，後見人等がこれを取り消すことにより，被害を未然に防ぐことができます。他方，本人が後見開始の審判等を受けたことによって，任意後見契約は終了となります。

（後見，保佐及び補助との関係）
　任意後見契約に関する法律10条　任意後見契約が登記されている場合には，家庭裁判所は，本人の利益のため特に必要があると認めるときに限り，後見開始の審判等をすることができる。
　2　前項の場合における後見開始の審判等の請求は，任意後見受任者，任意後見人又は任意後見監督人もすることができる。
　3　第4条第1項の規定により任意後見監督人が選任された後において本人が後見開始の審判等を受けたときは，任意後見契約は終了する。

※監督人の同意を要する特約
（任意後見監督人の事前同意を要する条項についての特約）
第○条　乙が，後見事務のうち，別紙「同意を要する特約目録」記載の行為をするには，任意後見監督人の事前の書面による同意を得なければならない。

（別紙）

> 同意を要する特約目録
>
> 　乙が後見事務を行うに当たり任意後見監督人の事前の書面による同意を必要とする行為は，下記のとおりとする。
> 1　甲の居住の用に供する建物又はその敷地について，売却，賃貸，賃借契約の解除，抵当権の設定その他これらに準ずる処分
> 2　甲の住居移転
> 3　金○○○万円を超える借財，保証その他の債務負担行為

解説　任意後見監督人の同意を要する重要な財産の処分等について想定される場合に必要となります。

第3章　死後事務の委任契約

（契約の趣旨）

第21条　委任者甲は，平成○○年○○月○○日，受任者乙に対し，甲の死後の事務（「本件死後事務」という。）を委任し乙は受任する。

解説　委任者が自己が死亡した後の事務の処理を受任者に任せるという内容の契約です。委任者が生前に結んだ契約の効力を死後においても存続させるものです。民法653条では，委任者の死亡により委任が終了すると定められていますが，これは，学説判例上は強行規定でないと解されています。したがって，委任者と受任者の合意により，委任者の死後も契約の効力を存続させることが可能なのです。このような契約について，民法654条が定める「委任終了時の応急処分義務」を当事者の合意によって具体化するものとみる見解もあります。

(委任の終了事由)

民法653条　委任は，次に掲げる事由によって終了する。

　①　委任者又は受任者の死亡
　②　委任者又は受任者が破産手続開始の決定を受けたこと。
　③　受任者が後見開始の審判を受けたこと。

(委任の終了後の処分)

民法654条　委任が終了した場合において，急迫の事情があるときは，受任者又はその相続人若しくは法定代理人は，委任者又はその相続人若しくは法定代理人が委任事務を処理することができるに至るまで，必要な処分をしなければならない。

(委任事務の範囲)

第22条　甲は，乙に対し，下記の事務を委任し，その事務処理のための代理権を付与する。

(1) 死亡届，葬儀，埋葬に関する事務及び将来の供養に関する事務一切
(2) 未受領債権の回収及び未払債務の支払
(3) 医療費，施設利用費，公租公課等債務の清算
(4) その他身辺の整理，年金関係等の各種届に関する事務一切
(5) 相続人への相続財産の引渡し

解説

　要は，相続人に対して本人の相続財産を引き渡す事務を中核として，それに至るまでの様々な事務を併せて委任するというものです。
　相続人がいないときは，家庭裁判所に相続財産管理人の選任の申立てをし，同人に引渡しをします。

(費用の負担)
第23条　乙が本件死後委任事務を処理するために必要な費用は，乙の管理する甲の遺産からこれを支出するものとする。

> **解説**　民法649条・650条の規定にならって事務処理費用の負担について定めるものです。

(解　除)
第24条　甲及び乙はいつでも本章の契約を解除することができる。

> **解説**　民法652条の規定にならって契約解除の自由を定めるものです。

4　任意後見契約で代理できる内容

　任意後見契約には，受任者に委任する事務の範囲を明記しなければなりません。具体的には，任意後見契約に関する法律3条の規定による証書の様式に関する省令で例示されていますので，これに従って，どの事務を委任するのかを決めなければなりません。

【任意後見契約に関する法律第3条の規定による証書の様式に関する省令】

(平成12年2月24日法務省令第9号)
(附録第1号様式)

代　理　権　目　録

A　財産の管理・保存・処分等に関する事項
　A1□　甲に帰属する別紙「財産目録」記載の財産及び本契約締結後に甲に帰属する財産（預貯金〔B1・B2〕を除く。）並びにその果実の管理・

　　　　保存
　　Ａ２□　上記の財産（増加財産を含む。）及びその果実の処分・変更
　　　　□売却
　　　　□賃貸借契約の締結・変更・解除
　　　　□担保権の設定契約の締結・変更・解除
　　　　□その他（別紙「財産の管理・保存・処分等目録」記載のとおり）
Ｂ　金融機関との取引に関する事項
　　Ｂ１□　甲に帰属する別紙「預貯金等目録」記載の預貯金に関する取引（預貯金の管理，振込依頼・払戻し，口座の変更・解約等。以下同じ。）
　　Ｂ２□　預貯金口座の開設及び当該預貯金に関する取引
　　Ｂ３□　貸金庫取引
　　Ｂ４□　保護預り取引
　　Ｂ５□　金融機関とのその他の取引
　　　　□当座勘定取引
　　　　□融資取引
　　　　□保証取引
　　　　□担保提供取引
　　　　□証券取引〔国債，公共債，金融債，社債，投資信託等〕
　　　　□為替取引
　　　　□信託取引（予定（予想）配当率を付した金銭信託（貸付信託）を含む。）
　　　　□その他（別紙「金融機関との取引目録」記載のとおり）
　　Ｂ６□　金融機関とのすべての取引
Ｃ　定期的な収入の受領及び費用の支払に関する事項
　　Ｃ１□　定期的な収入の受領及びこれに関する諸手続
　　　　□家賃・地代
　　　　□年金・障害手当金その他の社会保障給付
　　　　□その他（別紙「定期的な収入の受領等目録」記載のとおり）
　　Ｃ２□　定期的な支出を要する費用の支払及びこれに関する諸手続
　　　　□家賃・地代

□公共料金

　　　□保険料

　　　□ローンの返済金

　　　□その他（別紙「定期的な支出を要する費用の支払等目録」記載のとおり）

D　生活に必要な送金及び物品の購入等に関する事項

　D1□　生活費の送金

　D2□　日用品の購入その他日常生活に関する取引

　D3□　日用品以外の生活に必要な機器・物品の購入

E　相続に関する事項

　E1□　遺産分割又は相続の承認・放棄

　E2□　贈与若しくは遺贈の拒絶又は負担付の贈与若しくは遺贈の受諾

　E3□　寄与分を定める申立て

　E4□　遺留分減殺の請求

F　保険に関する事項

　F1□　保険契約の締結・変更・解除

　F2□　保険金の受領

G　証書等の保管及び各種の手続に関する事項

　G1□　次に掲げるものその他これらに準ずるものの保管及び事項処理に必要な範囲内の使用

　　　□登記済権利証

　　　□実印・銀行印・印鑑登録カード

　　　□その他（別紙「証書等の保管等目録」記載のとおり）

　G2□　株券等の保護預り取引に関する事項

　G3□　登記の申請

　G4□　供託の申請

　G5□　住民票，戸籍謄抄本，登記事項証明書その他の行政機関の発行する証明書の請求

　G6□　税金の申告・納付

H　介護契約その他の福祉サービス利用契約等に関する事項

- H1□ 介護契約（介護保険制度における介護サービスの利用契約，ヘルパー・家事援助者等の派遣契約等を含む。）の締結・変更・解除及び費用の支払
- H2□ 要介護認定の申請及び認定に関する承認又は異議申立て
- H3□ 介護契約以外の福祉サービスの利用契約の締結・変更・解除及び費用の支払
- H4□ 福祉関係施設への入所に関する契約（有料老人ホームの入居契約等を含む。）の締結・変更・解除及び費用の支払
- H5□ 福祉関係の措置（施設入所措置等を含む。）の申請及び決定に関する異議申立て

I 住居に関する事項
- I1□ 居住用不動産の購入
- I2□ 居住用不動産の処分
- I3□ 借地契約の締結・変更・解除
- I4□ 借家契約の締結・変更・解除
- I5□ 住居等の新築・増改築・修繕に関する請負契約の締結・変更・解除

J 医療に関する事項
- J1□ 医療契約の締結・変更・解除及び費用の支払
- J2□ 病院への入院に関する契約の締結・変更・解除及び費用の支払

K□ A～J以外のその他の事項（別紙「その他の委任事項目録」記載のとおり）

L 以上の各事項に関して生ずる紛争の処理に関する事項
- L1□ 裁判外の和解（示談）
- L2□ 仲裁契約
- L3□ 行政機関等に対する不服申立て及びその手続の追行
- L4・1 任意後見受任者が弁護士である場合における次の事項
  - L4・1・1□ 訴訟行為（訴訟の提起，調停若しくは保全処分の申立て又はこれらの手続の追行，応訴等）
  - L4・1・2□ 民事訴訟法第55条第2項の特別授権事項（反訴の提起，訴えの取下げ・裁判上の和解・請求の放棄・認諾，控訴・上告，復

　　　　　代理人の選任等）
　　Ｌ４・２□　任意後見受任者が弁護士に対して訴訟行為及び民事訴訟法第55条
　　　　第２項の特別授権事項について授権をすること
　　Ｌ５□　紛争の処理に関するその他の事項（別紙「紛争の処理等目録」記載の
　　　　とおり）
Ｍ　復代理人・事務代行者に関する事項
　　Ｍ１□　復代理人の選任
　　Ｍ２□　事務代行者の指定
Ｎ　以上の各事項に関連する事項
　　Ｎ１□　以上の各事項の処理に必要な費用の支払
　　Ｎ２□　以上の各事項に関連する一切の事項

注１　本号様式を用いない場合には，すべて附録第２号様式によること。
　２　任意後見人が代理権を行うべき事務の事項の□にレ点を付すること。
　３　上記の各事項（訴訟行為に関する事項〔Ｌ４・１〕を除く。）の全部又
　　は一部について，数人の任意後見人が共同して代理権を行使すべき旨の
　　特約が付されているときは，その旨を別紙「代理権の共同行使の特約目
　　録」に記載して添付すること。
　４　上記の各事項（訴訟行為に関する事項〔Ｌ４・１〕を除く。）の全部又
　　は一部について，本人又は第三者の同意（承認）を要する旨の特約が付
　　されているときは，その旨を別紙「同意（承認）を要する旨の特約目録」に
　　記載して添付すること（第三者の同意（承認）を要する旨の特約の場合に
　　は，当該第三者の氏名及び住所（法人の場合には，名称又は商号及び主た
　　る事務所又は本店）を明記すること。）。
　５　別紙に委任事項・特約事項を記載するときは，本目録の記号で特定せず
　　に，全文を表記すること。

5　契約能力の確認

(1)　判断能力の確認

任意後見契約を有効に締結するためには，委任者である本人が「契約の内容を理解し，契約の意思がある」ことが要件となります。この要件の有無を一度会っただけで判断できない場合もありますので，何度か面会をすることもあります。

(2)　署名できるか

たとえ本人が署名できなくても，契約する意思が確認できれば締結が可能です。ただし，署名することが困難な場合には，その旨をあらかじめ公証人に伝えておく必要がありますので，署名ができるかを確認します。

(3)　印鑑登録の有無

高齢の方の中には，印鑑登録をしていないことが多く，その場合には，印鑑登録手続から援助する必要があります。

6　必要書類の収集

公正証書を作成する際に必要となる書類の収集をします。

本人（委任者）は，①戸籍謄本，②住民票，③印鑑証明書が，受任者は，①住民票，②印鑑証明書が必要です。

7　公証人との打合せ

公証役場に出向き，契約書の内容等について打合せを行います。公証役場での書類作成は，飛込みではできませんので，注意が必要です。

(1)　公正証書内容の打合せ

あらかじめ検討しておいた代理権内容及び報酬額等をもとにして，契約書の内容を決定します。

(2) 契約日，契約場所の確認

本人（委任者）が，病院や施設に入所している等の事情で，公証役場に出向くことが困難な場合，公証人に出張をしてもらうことが必要となります。その際には，契約場所の所在地及び名称を公証人に前もって伝える必要があります。

(3) 公証人費用の確認

公証人費用は，契約書の内容及び出張の有無により異なる場合があるので，必ず確認します。

8 契　約

本人（委任者）と受任者が共に公証役場に，あるいは，公証人が本人の入院，入所先に出向き契約を行います。

契約時には，実印及び公証人費用が必要ですので，忘れないように準備しなければなりません。

おわりに

　成年後見制度に取り組むようになって間もなく12年，後見人として初めてご本人の支援をするようになってから10年が経とうとしています。その当時は，制度に関する書籍ばかりで実務や事例に関するものはほとんどなく，毎日発生する様々な事態に対応するのにも手探り状態で，今にして思えば，「こうした方が良かったのでは」と思うようなことも少なくありません。それでも，一人一人の方のために丁寧に取り組む中で，多くの経験を積み重ねることができ，その結果，今の私があるのだと思います。

　成年後見制度の実際の現場では，日々発生する事態は百人百様で，一つとして全く同じことは起こりません。また，後見人はご本人の人生の全てを背負うことになり，本人のことを第一に考えることによって，ご親族等，入院・入所中の病院・施設，金融機関あるいは自治体等とのあつれきに悩むこともあるでしょう。

　本書には，私の経験を基にして，できる限り多くの事例を盛り込みましたので，参考にしていただくことによって，十分に的確な対応をしていただけるものと確信しております。

　最後に，本書が，成年後見制度の普及・促進に対しての一助となることができることを祈念するとともに，企画段階から様々なお力添えを頂いた日本加除出版のスタッフの皆様，監修をお引き受けいただきました小池信行先生，いつも成年後見業務の相談相手になってくれる齋藤和華子さん，そして私の日頃の活動を支えてくれている多くの皆様に心からの感謝をしつつ筆をおくこととします。

　平成24年8月吉日

　　　　　　　　　　　　　　　　　　　　　行政書士　粂　　智　仁

監修者略歴

小 池 信 行（こいけ のぶゆき）

弁護士。1975年に裁判官に任官。1985年，検事に転官して，法務省民事局局付となる。1996年の民法の一部を改正する法律案要綱の作成・公表に中枢で尽力。その後，法務省大臣官房審議官，釧路地・家裁所長などを歴任。

著者略歴

粂 智 仁（くめ ともひと）

神奈川県内の百貨店に就職，在職中に行政書士試験に合格。県内有名進学塾の非常勤講師に転職。

神奈川県茅ヶ崎市で平成11年12月3日に開業。成年後見，相続・遺言，交通事故等の民事法務を中心として業務を展開。日本行政書士会連合会第二業務部専門員（成年後見担当），神奈川県行政書士会理事・総務部長及び企画部長，特定行政書士法定研修ワーキンググループ座長，企画部員，神名川県行政書士会湘南支部副支部長，一般社団法人コスモス成年後見サポートセンター業務執行理事・研修相談委員長及び神奈川県支部幹事，NPO法人神奈川成年後見サポートセンター理事・業務管理委員長及び研修委員長，神奈川県第三者後見人養成・確保検討委員会委員，日本成年後見法学会制度改正研究委員会委員を歴任。

現在，一般社団法人コスモス成年後見サポートセンター理事，茅ヶ崎市市民後見人養成あり方検討会委員，福祉住環境コーディネーター，認知症ライフパートナー。特に成年後見制度では，全国の行政書士会，自治体職員及び市民向け講座等の講師として活躍中。

著書　『税理士・会計事務所のための成年後見ガイド』（中央経済社，2013）
　　　『成年後見人をたてないとダメといわれたら読む本』（セルバ出版，2011）
　　　『成年後見ハンドブック～市民と行政書士の成年後見制度入門～』（文芸社，2004）
　　　『日本行政書士会連合会テキスト　成年後見』
　　　『神奈川成年後見サポートセンター　認定講師養成講座テキスト』
　　　『コスモス成年後見サポートセンター　入会前研修テキスト』

成年後見の相談を受けたときどうする!?

定価：本体1,400円（税別）

平成24年9月5日	初版発行
平成28年3月24日	初版第2刷発行

監修者　小　池　信　行

著　者　粂　　　智　仁

発行者　尾　中　哲　夫

発行所　日本加除出版株式会社

本　　社　郵便番号 171-8516
東京都豊島区南長崎3丁目16番6号
ＴＥＬ（03）3953-5757（代表）
　　　（03）3952-5759（編集）
ＦＡＸ（03）3953-5772
ＵＲＬ　http://www.kajo.co.jp/

営業部　郵便番号 171-8516
東京都豊島区南長崎3丁目16番6号
ＴＥＬ（03）3953-5642
ＦＡＸ（03）3953-2061

組版・印刷　㈱郁文　／　製本　牧製本印刷㈱
　　　／　表紙デザイン　オセロ

落丁本・乱丁本は本社でお取替えいたします。
Ⓒ T. Kume 2012
Printed in Japan
ISBN978-4-8178-4017-2 C2032 ¥1400E

〈出版者著作権管理機構　委託出版物〉

本書を無断で複写複製（電子化を含む）することは，著作権法上の例外を除き，禁じられています。複写される場合は，そのつど事前に出版者著作権管理機構（JCOPY）の許諾を得てください。
また本書を代行業者等の第三者に依頼してスキャンやデジタル化することは，たとえ個人や家庭内での利用であっても一切認められておりません。

〈JCOPY〉　ＨＰ：http://www.jcopy.or.jp/, e-mail：info@jcopy.or.jp
　　　　　電話：03-3513-6969, FAX：03-3513-6979

「見落としがちな点」「起こりうる問題点」を
公証人の視点で解説する、全64問！

第2版 Q＆A 遺言・信託・任意後見の実務
公正証書作成から税金、遺言執行、遺産分割まで

雨宮則夫・寺尾洋 著

2015年6月刊 A5判 508頁 本体4,500円＋税 978-4-8178-4241-1
商品番号：40471 略号：Q遺信

- 遺言、遺贈、遺言執行者、遺留分減殺請求、特別受益、付言事項、渉外遺言、祭祀承継者、死因贈与、民事信託、遺産分割、任意後見契約、尊厳死宣言等、公正証書にまつわる公証役場の実務運用について、公証人が解説。
- 遺言や各種公正証書等の文例のほか、相続税や贈与税についても詳解。

任意後見に必要な法律知識、注意事項、実務慣行等の
説明に役立つ一冊。

活用しよう！任意後見
安心の老後と相続のために

寳金敏明 監修
太田健治・岡村幸治・兼行邦夫 編著

2011年11月刊 A5判 312頁 本体2,800円＋税 978-4-8178-3967-1
商品番号：40450 略号：任意後見

- 4人の実務家による、信頼のおける内容。
- コラムや図表などを用いて、制度のあらましや契約の流れ等をわかりやすく丁寧に説明。
- 資料編として、法令・通達、日本公証人連合会の文例、書式を収録。

日本加除出版
〒171-8516 東京都豊島区南長崎3丁目16番6号
TEL（03）3953-5642 FAX（03）3953-2061（営業部）
http://www.kajo.co.jp/